Shakespeare / Fried

Viel Getu um Nichts

Die lustigen Weiber von Windsor

William Shakespeare / Erich Fried

Viel Getu um Nichts
Die lustigen Weiber von Windsor

Verlag Klaus Wagenbach Berlin

Grundlage für diesen Abdruck ist die Gesamtausgabe der Shakespeare-Übersetzungen von Erich Fried im Verlag Klaus Wagenbach (Berlin 1989)

Wagenbachs Taschenbuch 382
Neuausgabe 2000

Umschlaggestaltung: Groothuis & Consorten
Titelbild: Archiv des Theaters Krefeld Mönchengladbach
Karnickel auf Seite 1: Horst Rudolph
Umschlagphoto von Erich Fried: Catherine Fried-Boswell
Satz: Offizin Götz Gorissen, Berlin
Schrift: Korpus Concorde Nova
Druck und Bindung: Pustet, Regensburg
Printed in Germany.
ISBN 3 8031 2382 8

Viel Getu um Nichts

Personen

Don Pedro, Prinz von Arragon
Don Juan, der Bastard, sein illegitimer Bruder
Claudio, ein junger Graf aus Florenz
Benedikt, ein junger Edelmann aus Florenz
Leonato, Statthalter von Messina
Antonio, sein Bruder, ein alter Mann
Balthasar, Diener Don Pedros
Borachio, Conrado – Leute des Don Juan
Ein Bote
Pater Franziskus
Hundsbeer, Gerichtsdiener
Saumseel, Ortsvorsteher
Erster Wächter
Zweiter Wächter
Ein Küster
Ein Junge
Ein Edelmann
Hero, Tochter des Leonato
Beatrice, Nichte des Leonato
Margareta, Ursula – Heros Kammerfrauen
Musikanten, Wachen, Diener, Gefolge

Ort der Handlung: Messina

Erster Akt

1. Szene

Vor Leonatos Haus.
Leonato, Hero, Beatrice und ein Bote

LEONATO: Ich sehe in diesem Brief, Don Pedro von Arragon kommt heut abend nach Messina.

BOTE: Er ist schon ganz nah. Ich verließ ihn keine drei Meilen von hier.

LEONATO: Wieviele Herren habt Ihr in diesem Kampf verloren?

BOTE: Nur wenige von Rang, und keinen von Namen.

LEONATO: Ein Sieg zählt doppelt, wenn der Sieger die Seinen vollzählig heimbringt. Ich sehe hier, Don Pedro hat einem jungen Florentiner namens Claudio viel Ehre erwiesen.

BOTE: Die hat er verdient, und Don Pedro hat ihm das nicht vergessen. Er hat sich weit besser gehalten, als seine Jugend versprach, und in Gestalt eines Lammes gekämpft wie ein Löwe. Ja, ja, er hat selbst die besten Erwartungen noch mehr verbessert, als Ihr von mir erwarten könnt, daß ichs Euch erzähle.

LEONATO: Er hat einen Onkel hier in Messina, den das sehr freuen wird.

BOTE: Ich habe ihm schon einen Brief gebracht, und er scheint sich sehr zu freuen; so sehr sogar, daß die Freude sich ohne ein Zeichen von Bitternis gar nicht demütig genug zeigen konnte.

LEONATO: So brach er in Tränen aus?

BOTE: Und wie!

LEONATO: Ein guter Überfluß an Güte. So wahr sind keine Gesichter, wie die, die so gewaschen sind. Wieviel besser, vor Freude zu weinen als sich am Weinen zu freuen!

BEATRICE: Sagt, bitte, ist Signor Haudegen aus dem Feld zurück oder nicht?

BOTE: Ich kenne keinen dieses Namens, Fräulein; es war keiner von Rang beim Heer, der so hieß.

LEONATO: Nach wem fragt Ihr, Nichte?

HERO: Meine Kusine meint Signor Benedikt von Padua.

BOTE: O, der ist zurück, so munter wie nur je.

BEATRICE: Er schlug hier in Messina seinen Zettel an und forderte Cupido auf den Pfeil; und meines Oheims Narr, der die Forderung las, unterschrieb für Cupido und forderte ihn auf den stumpfen Vogelbolzen. Sagt doch, bitte, wieviele hat er im Feld umgebracht und aufgegessen? Oder nur, wieviele hat er umgebracht, denn ich hab ihm versprochen, alle aufzuessen, die er umbringt.

LEONATO: Meiner Treu, Nichte, Ihr seid zu spitzig gegen Signor Benedikt! Aber Ihr werdet schon noch seine Spitze zu fühlen bekommen, kein Zweifel.

BOTE: Er hat in diesem Feldzug gute Dienste getan, Fräulein.

BEATRICE: Ihr hattet wohl schimmligen Proviant, und er hat euch gedient, ihn zu vertilgen. Er hat einen ganz ausgezeichneten Magen, und mit dem Tranchiermesser steht er seinen Mann und ißt.

BOTE: Und ist ein guter Soldat dazu, Fräulein!

BEATRICE: Und ist ein guter Soldat dazu, Fräulein! Aber was ist er zu Herren?

BOTE: Ein Herr zu einem Herrn, ein Mann zu einem Mann; mit allen guten Eigenschaften ausstaffiert.

BEATRICE: Ausstaffiert! Das glaub ich! Nichts als Staffage. Nun ja; was das betrifft: wir sind alle nur sterblich.

LEONATO: Ihr dürft meine Nichte nicht mißverstehen, lieber Herr. Es ist eine Art scherzhafter Krieg zwischen Signor Benedikt und ihr. Sie kommen nie zusammen, ohne daß es zwischen ihnen ein sinniges Scharmützel setzt.

BEATRICE: Der Arme kommt aber dabei nicht gut weg. In unserm letzten Streit humpelten vier von seinen fünf Sinnen von dannen; jetzt ist der ganze Mann bloß von einem regiert. Wenn er noch Witz genug hat, sich warm zu halten, so mag er ihn im Wappen tragen, damit man ihn von seinem Pferde unterscheiden kann; denn das ist alles, was er noch hat, daß man ihn als vernünftiges Wesen gelten läßt. Wer ist denn jetzt sein Kamerad? Er hat doch jeden Monat einen neuen Herzbruder.

BOTE: Ists möglich?

BEATRICE: Sehr leicht möglich! Er hälts mit der Treue wie mit seiner Hutmode, und die wechselt mit jedem neuen Holzkopf.

BOTE: Ich merke, Fräulein, der Herr ist nicht gut bei Euch angeschrieben.

BEATRICE: Nein, sonst wollt ich meine Schreibstube anzünden. Aber, sagt mir doch bitte, wer ist jetzt sein Kumpan? Gibts denn keinen jungen Windbeutel mehr, der mit ihm eine Reise zum Teufel machen will?

Bote: Am meisten ist er in Gesellschaft des edlen Claudio.

Beatrice: O Gott! An dem wird er hängen wie eine Krankheit. Ihn kriegt man leichter als die Pest, und wer ihn kriegt, der wird sofort verrückt. Gott helf dem edlen Claudio! Wenn er den Benedikt gekriegt hat, dann wirds ihn tausend Pfund kosten, eh er kuriert ist.

Bote: Mit Euch will ich lieber gut Freund bleiben, Fräulein!

Beatrice *(versöhnlich)*: Tut das, guter Freund!

Leonato: *Ihr* werdet ihn nie kriegen, Nichte?!

Beatrice: Nicht, ehe nicht ein heißer Januar kommt.

Bote: Don Pedro ist schon da.

Don Pedro, Claudio, Benedikt, Balthasar und Don Juan kommen in den Garten

Don Pedro: Nein, lieber Signor Leonato! Seid Ihr Eurem Ungemach noch entgegengegangen? Die Welt pflegt Unkosten zu meiden, und Ihr sucht sie auf!

Leonato: Nie kam Ungemach in mein Haus in Gestalt von Euer Gnaden! Denn wenn Ungemach fortgeht, dann soll doch Behagen zurückbleiben: aber wenn Ihr Euch von mir trennt, dann bleibt nur Leid zurück, und das Glück nimmt Abschied.

Don Pedro: Ihr nehmt Eure Last zu willig auf Euch! – Das ist wohl Eure Tochter?

Leonato: Ihre Mutter hat mir das oft und oft versichert.

Benedikt: Habt Ihr denn gezweifelt, Herr; daß Ihr sie fragtet?

Leonato: Nein, Signor Benedikt, denn Ihr wart damals noch ein Kind.

Don Pedro: Seht Ihr wohl, Benedikt! Da können wir vermuten, was Ihr jetzt seid, als Mann! Wirklich, das Fräulein ist ganz der Papa. Meine Gratulation, Fräulein, denn Ihr gleicht einem ehrenwerten Vater.

Benedikt: Selbst *wenn* Signor Leonato ihr Vater *ist*: *seinen* Kopf möchte sie doch wohl um ganz Messina nicht auf den Schultern haben, so ähnlich sie ihm auch sieht.

Beatrice: Mich wundert, daß Ihr immer noch redet, Signor Benedikt: kein Mensch hört auf Euch.

Benedikt: Ach, teures Fräulein Verachtung! Ihr lebt auch noch?

Beatrice: Wie könnte die Verachtung sterben, solange sie so gedeihliche Nahrung vorfindet wie Signor Benedikt? Die Höflichkeit selbst muß sich zur Verachtung wenden, wenn Ihr Euch vor ihr sehen laßt.

BENEDIKT: Dann ist die Höflichkeit eine Wetterfahne. Denn das steht fest, mich lieben alle Damen, ausgenommen Ihr. Und ich wollte, ich hätte das Herz, nicht hartherzig zu sein; aber wahrhaftig, ich liebe keine.

BEATRICE: Ein großes Glück für die Frauen! Sonst hätten sie nur Schereien von einem verderblichen Antragsteller. Ich danke Gott und meinem kalten Blut, daß ich in diesem Punkt Euren Sinnes bin! Ich wollte lieber meinen Hund eine Krähe verbellen hören, als einen Mann schwören, er liebt mich.

BENEDIKT: Gott erhalte Euch diesen Sinn, mein Fräulein! Dann wird doch der eine oder andere Herr nicht sein Gesicht zerkratzt kriegen, wies ihm sonst vorbestimmt war.

BEATRICE: Zerkratzen könnt es auch nicht ärger machen, wenns ein Gesicht wär wie das Eure.

BENEDIKT: Ah, Ihr wäret eine großartige Lehrerin, um Papageien das Nachplappern beizubringen!

BEATRICE: Besser ein Vogel mit meiner Zunge als eine Kreatur mit der Euren.

BENEDIKT: Ich wollte, mein Gaul wäre so flink wie Eure Zunge und liefe so ausdauernd. Aber trabt nur weiter Eures Wegs, in Gottes Namen: Ich bin am Ende!

BEATRICE: So bockt Ihr am Ende immer, um einen abzuwerfen wie eine falsche Mähre. Ich kenne Euch schon.

DON PEDRO: Genug davon, Leonato. – Signor Claudio und Signor Benedikt! Mein werter Freund Leonato hat euch alle eingeladen. Ich sag ihm, wir werden mindestens einen Monat bleiben; da wünscht er noch herzlich, es möge irgend etwas geschehen, das uns noch länger hier hält. Und ich möchte schwören, es ist keine Heuchelei, sondern kommt ihm von Herzen.

LEONATO: Wenn Ihr das schwört, gnädiger Herr, so wird es kein falscher Schwur sein. *(zu Don Juan)* Darf ich Euch willkommen heißen, mein Herr! Nach Eurer Aussöhnung mit dem Prinzen, Eurem Bruder, steh ich Euch ganz und gar zu Diensten.

DON JUAN: Ich dank Euch. Ich mach nicht viel Worte, aber ich dank Euch.

LEONATO: Wollen Eure Gnaden vorgehen?

DON PEDRO: Eure Hand, Leonato. Wir wollen miteinander gehen.

Alle ab bis auf Benedikt und Claudio

Claudio: Benedikt, ist dir die Tochter des Signor Leonato aufgefallen?

Benedikt: Aufgefallen nicht, aber ich habe sie mir angesehen.

Claudio: Ist sie nicht ein sittsames junges Fräulein?

Benedikt: Fragt Ihr mich, wie es ein ehrlicher Mann tun soll, um meine schlichte, aufrichtige Meinung? Oder wollt Ihr, daß ich Euch antworte, wie ichs gewohnt bin, als ein erklärter Feind ihres Geschlechts?

Claudio: Nein, ich bitte dich, sag deine nüchterne Meinung.

Benedikt: Nun auf Ehre, dann denk ich, sie ist zu niedrig für ein hohes Lob, zu braun für ein goldenes Lob und zu klein für ein großes Lob. Nur eins kann ich zu ihren Gunsten sagen: Wenn sie anders wäre als sie ist, so wäre sie nicht hübsch; und *weil* sie nicht anders ist als sie ist, gefällt sie mir nicht.

Claudio: Du denkst, ich scherze. Ich bitte dich, sag mir aufrichtig, wie sie dir gefällt.

Benedikt: Wollt Ihr sie kaufen, daß Ihr Euch so nach ihr erkundigt?

Claudio: Könnte die ganze Welt so ein Kleinod erkaufen?

Benedikt: Ja! Und dazu ein Futteral zum Hineinstecken! Aber sprecht Ihr im vollen Ernst, oder spielt Ihr Hans Pfeiferlein, um uns einzublasen, Cupido sei ein scharfäugiger Hasenjäger und Vulcanus ein selten guter Zimmermann? Kommt! In welcher Tonart soll man Euch nehmen, um in Euren Gesang einzufallen?

Claudio: In meinen Augen ist sie das liebenswürdigste Fräulein, das ich je gesehen habe.

Benedikt: Ich kann noch ohne Brille sehen, und ich sehe nichts dergleichen. Ihre Kusine, wenn sie nur nicht von einer Furie besessen wäre, übertrifft sie an Schönheit wie der erste Mai den letzten Dezember. Aber ich hoffe, Ihr wollt nicht gar ein Ehemann werden, oder doch?

Claudio: Selbst wenn ich das Gegenteil geschworen hätte, ich würde mir kaum Glauben schenken, wenn Hero meine Frau werden wollte.

Benedikt: So weit ists also gekommen? Meiner Treu, ist denn kein Mann auf Erden mehr entschlossen, seine Mütze zu tragen, ohne daß man Hörner drunter vermuten muß? Soll ich nie wieder einen Junggesellen von sechzig Jahren sehen? Geh nur, meiner Treu! Wenn du unbedingt deinen Nacken unters Joch beugen willst, so trag auch das Zeichen, wos dich drückt, und seufze dir all deine Sonntage hinweg! – Seht: Don Pedro kommt und sucht Euch.

Don Pedro tritt auf

Don Pedro: Was für ein Geheimnis hielt euch hier, daß ihr nicht mitkamt zu Leonato?

Benedikt: Ich wollte, Euer Gnaden nötigten mich, es zu sagen.

Don Pedro: So befehl ichs dir bei deiner Lehenspflicht!

Benedikt: Ihr hört, Graf Claudio! Ich kann verschwiegen sein wie ein Stummer, das sollt Ihr mir glauben. Aber bei meiner Lehenspflicht – versteht Ihr – bei meiner Lehenspflicht! – Er ist verliebt. In wen? Nun, das zu fragen, ist Euer Gnaden Rolle. Und merkt, wie kurz seine Antwort sein wird: »In Hero, Leonatos kurze Tochter.«

Claudio: Wenn das so wär, so wär es nun heraus.

Benedikt: Wie das alte Märchen, gnädiger Herr: Es ist nicht so und war nicht so; aber wirklich, Gott verbiete, daß es je so wird.

Claudio: Wenn meine Leidenschaft sich nicht bald ändert, so verbiete Gott, daß es je anders wird.

Don Pedro: Amen! Wenn Ihr sie liebt, denn das Fräulein ist es wohl wert.

Claudio: Das sagt Ihr, um mich hineinzulegen, gnädiger Herr!

Don Pedro: Bei meiner Ehr, ich sage, was ich denke!

Claudio: Und ich, bei meiner Treu, sag, was *ich* denke.

Benedikt: Und bei meinen zwei Ehren und Treuen, gnädiger Herr, ich habe auch gesagt, was ich denke.

Claudio: Daß ich sie liebe, fühl ich.

Don Pedro: Daß sie es wert ist, weiß ich.

Benedikt: Daß ich weder fühle, wie man sie lieben könnt', noch weiß, wie sie es wert sein könnt', das ist die Meinung, die kein Feuer aus mir herausschmilzt; dafür will ich am Pfahl sterben!

Don Pedro: Du warst schon immer ein verstockter Ketzer in deiner Verachtung der Schönheit.

Claudio: Und er konnte seine Rolle nie spielen, wenn er sich nicht durch Willenskraft dazu zwang.

Benedikt: Daß ein Weib mich empfangen hat, dafür dank ich ihr; daß sie mich aufgezogen hat, auch dafür sag ich ihr demütigen Dank. Aber daß ich mir nicht auf meiner Stirn das Hifthorn blasen lassen oder an einem unsichtbaren Riemen mein Horn mit mir herumtragen will, das müssen mir die Weiber schon verzeihen. Weil ich ihnen nicht das Unrecht erweisen will, irgendeiner zu mißtrauen, so will ich mir das Recht erweisen, keiner zu trauen. Und, um das nicht länger einzukleiden, dafür aber desto besser gekleidet zu gehen: ich will als Junggeselle leben!

DON PEDRO: Dich seh ich auch noch blaß vor Liebe, eh ich sterbe!

BENEDIKT: Vor Zorn, vor Krankheit oder vor Hunger, gnädiger Herr; aber nicht vor Liebe. Beweist, daß ich je mehr Blut durch die Liebe verliere, als ich durchs Trinken wiedergewinne, so könnt Ihr mir mit eines Balladenkritzlers Feder die Augen ausstechen und mich als Schild »Zum blinden Cupido« über einer Bordelltür aufhängen.

DON PEDRO: Schön. Wenn du aber je von diesem Glauben abfällst, dann wird man mit Fingern auf dich zeigen.

BENEDIKT: Wenn ich das tu, dann hängt mich wie eine Katze in einen Korb, als Ziel für eure Pfeile; und der mich trifft, den soll man auf die Schulter schlagen und Wilhelm Tell nennen.

DON PEDRO: Schön; die Zeit wirds lehren: »Kommt Zeit, so trägt der wilde Stier sein Joch.«

BENEDIKT: Der wilde Stier vielleicht, aber wenn je der vernünftige Benedikt es tragen lernt, dann reißt dem Stier die Hörner aus und pflanzt sie in meine Stirn, und dann sollen sie ein Sudelbild von mir malen und in so großen Buchstaben, wie man schreibt »Hier sind gute Pferde zu vermieten«, darunter schreiben: »Hier seht ihr Benedikt, den verheirateten Mann.«

CLAUDIO: Wenn sie das je täten, dann würdest du toll sein wie ein wilder Hornochs.

DON PEDRO: Merk dir dein Wort! Wenn Cupido nicht seinen ganzen Köcher in Venedig verschossen hat, dann wirst du dafür bald beben!

BENEDIKT: Nur, wenn zufällig gerade ein Erdbeben ist.

DON PEDRO: Schön, schön; zur rechten Stunde denkst du anders. Bis dahin aber, mein lieber Signor Benedikt, begebt Euch zu Leonato. Empfehlt mich ihm und sagt ihm, ich komme unfehlbar zum Abendessen. Denn er hat wirklich große Vorbereitungen getroffen.

BENEDIKT: Zu einer solchen Gesandtschaft hab ich grad noch Zeug genug in mir, und somit empfehle ich Euch –

CLAUDIO: – dem Schutz des Herrn. Gegeben in meinem Hause, wenn ich eins hätte –

DON PEDRO: – am 6. Juli. Euer Euch liebender Freund, Benedikt.

BENEDIKT: Nein, spottet nicht, spottet nicht. Die Blöße eurer Reden ist stellenweise nur von Lumpen verhüllt, und die Verhüllung ist sehr lose aufgenäht. Eh ihr so alte Späße wieder aufwärmt, prüft euer Gewissen; und damit verlasse ich euch. *Ab*

CLAUDIO: Eu'r Gnaden könnten mir jetzt Gunst erweisen.

DON PEDRO: Lehr meine Liebe, die dein ist, nur *wie*,
Und du sollst sehn, wie leicht sie alles lernt,
Das Schwerste auch, wenn es dir günstig sein kann.

CLAUDIO: Hat Leonato einen Sohn, mein Fürst?

DON PEDRO: Kein Kind als Hero, seine einzige Erbin.
Gefällt sie dir wohl, Claudio?

CLAUDIO: O, mein Herr!
Ehe Ihr diesen Feldzug unternahmt,
Sah ich sie an mit des Soldaten Auge,
Dem sie gefiel; doch galt es härtre Taten,
Als Wohlgefallen bis zur Lieb' zu treiben.
Doch nun bin ich zurück; der Kriegsgedanken Abzug
Ließ Raum in meinem Kopf; und in den ziehn nun
Die vielen sanften, zarten Triebe ein,
Erinnern mich, wie schön jung Hero ist
Und daß ich ihr schon gut war, eh ich auszog.

DON PEDRO: Du wirst ein rechter Liebhaber im Nu:
Sprichst wie ein Buch! Wer dich nur hört, wird müde!
Liebst du die schöne Hero, so sei froh:
Ich will mit ihr und ihrem Vater sprechen,
Du sollst sie haben. – War nicht dies das Ziel,
Zu dem die schöngeknüpfte Rede führte?

CLAUDIO: Wie gütig Ihr der Liebe Beistand leistet,
Denn ihren Schmerz kennt Ihr an ihrer Miene.
Nur daß mein Lieben nicht zu plötzlich scheine,
Wollt ichs entschuldigen durch längere Rede.

DON PEDRO: Was soll die Brücke breiter als der Fluß sein? –
Am schönsten ist die Gabe, die man braucht.
Nun, was du brauchst, ist da: du liebst nun einmal,
Und ich will dir dein Heilmittel verschaffen.
Ich weiß, heut abend ist ein Maskenball.
Da spiel ich in Verkleidung deine Rolle
Und sag der schönen Hero, ich bin Claudio

Und schütt mein Herz an ihrem Busen aus:
Und ich erobre ihr Gehör im Sturm
Und heftigen Angriff meiner Liebesklage;
Nachher halt ich bei ihrem Vater an,
Dann ists beschlossene Sache: sie soll dein sein. –
Komm, machen wir uns jetzt sogleich ans Werk. *Beide ab*

2. Szene

Leonatos Haus. Leonato und sein Bruder Antonio treten auf

LEONATO: Nun, Bruder, wo ist mein Neffe, Euer Sohn? Hat er diese Musik beschafft?

ANTONIO: Er hat alle Hände voll damit zu tun. Hört, Bruder, ich weiß was neues; ich sag Euch, das hättet Ihr Euch nicht träumen lassen.

LEONATO: Ist es was gutes?

ANTONIO: Das wird der Ausgang zeigen, aber von außen siehts gut aus, macht einen guten Eindruck. Einer meiner Leute hat gehört, was der Prinz und Graf Claudio miteinander sprachen, als sie in dem dichten Laubengang in meinem Garten spazierengingen. Der Prinz eröffnete Claudio, daß er meine Nichte, Eure Tochter, liebt und daß er sich ihr heute abend beim Tanz erklären will; und wenn er ihre Zustimmung findet, so will er die Gelegenheit beim Schopf packen und sogleich bei Euch um sie anhalten.

LEONATO: Und der Bursche, der Euch das erzählt hat, weiß der auch, was er sagt?

ANTONIO: Ein guter, aufgeweckter Bursche. Ich will ihn holen lassen; fragt ihn dann selbst.

LEONATO: Nein, nein. Wir wollen es für einen Traum halten, bis es zutage tritt. Aber ich will doch meiner Tochter davon sagen, damit sie besser vorbereitet ist, was sie antworten soll, falls es wirklich wahr ist. – Geht doch Ihr und sagt ihr davon! *(Mehrere Musikanten treten auf)* He, Gevattersleute! Ihr wißt, was ihr zu tun habt. – Gestattet, Freund, kommt doch mit mir, ich will von Eurer Geschicklichkeit Gebrauch machen. – Helft, lieber Vetter, helft, es gibt so viel zu tun. *Alle ab*

3. Szene

Leonatos Haus.
Don Juan und Conrado

CONRADO: Ei der Tausend, gnädiger Herr! Was seid Ihr so maßlos verstimmt?

DON JUAN: Maßlos ist der Anlaß, und deshalb ist die Verstimmung ohne Grenzen.

CONRADO: Ihr solltet der Vernunft Gehör schenken.

DON JUAN: Und wenn ich ihr Gehör geschenkt habe, welchen Segen bringt mir das?

CONRADO: Wenn nicht schnelle Abhilfe, so doch Geduld, es zu ertragen.

DON JUAN: Mich wundert nur, daß du, wo du doch sagst, du bist im Zeichen des Saturn geboren, dich damit abgibst, ein tödliches Übel mit einer moralischen Arznei behandeln zu wollen. Ich kann nicht verbergen, was ich bin. Ich muß verstimmt sein, wenn ich Grund dazu habe, und kann über niemands Witz lächeln. Ich muß essen, wenn mich hungert, und auf niemand warten, bis er gerade Zeit hat. Ich muß schlafen, wenn ich müde bin, und um niemands Geschäfte willen aufbleiben; und lachen, wenn ich lustig bin, auch wenn niemand sich dadurch geschmeichelt fühlt.

CONRADO: Ja, aber das dürft Ihr nicht so ganz zur Schau tragen, eh Ihr das tun könnt, ohne daß Euch jemand dreinreden kann. Erst kürzlich habt Ihr Euch mit Eurem Bruder überworfen, und erst jetzt hat er Euch wieder seine Gnade zugewandt. In der könnt Ihr unmöglich Wurzeln schlagen, wenn Ihr nicht selbst das gute Wetter dazu macht. Den rechten Sonnenschein für Eure Ernte, den müßt Ihr Euch selbst schaffen.

DON JUAN: Lieber wär ich eine Hundsrose in einer Hecke als eine Rose unter seiner Gnade; und meinem Blut stehts besser an, von allen verabscheut zu werden, als mich zu verstellen, um jemandes Liebe zu erschleichen. Denn wenn auch keiner sagen kann, ich sei ein schönrednerischer Biedermann, so kann man mir doch nicht abstreiten, daß ich ein *aufrichtiger* Bösewicht bin! Man traut mir mit einem Maulkorb und läßt mich mit einem Klotz am Fuß frei grasen. Drum habe ich beschlossen, in meinem Käfig nicht zu singen. Hätt ich den Mund frei, so würde ich beißen; hätt ich meinen freien Willen, so tät ich, was mir beliebt; bis dahin aber laß mich sein, was ich bin, und versuch mich nicht zu ändern!

Conrado: Könnt Ihr von Eurer Unzufriedenheit nicht irgendeinen Gebrauch machen?

Don Juan Ich mache allen Gebrauch davon; sie ist ja das Einzige, wovon ich Gebrauch mache. – Wer kommt da?

Borachio tritt auf

Was gibts, Borachio?

Borachio: Ich komm von drüben, von einem großen Abendessen. Der Prinz, Euer Bruder, wird von Leonato königlich bewirtet, und ich kann Euch berichten, es soll eine Hochzeit geben.

Don Juan: Kann vielleicht die als Fundament dienen, ein Unheil drauf zu bauen? Was ist denn das für ein Narr, der sich auf ewig mit der Unruhe vermählen will?

Borachio: Ach, er ist Eures Bruders rechte Hand.

Don Juan: Wer? Der treffliche Claudio?

Borachio: Ja, der.

Don Juan: Ein richtiger Junker! Und wer sonst? Wer sonst? Auf wen hat er denn ein Auge?

Borachio: Auf Hero, Herr; Leonatos Tochter und Erbin.

Don Juan: Ein vor der Zeit flügges Märzhähnchen! Woher habt Ihr das?

Borachio: Mein Amt ist, für Wohlgerüche zu sorgen. Und als ich grade ein dumpfiges Zimmer räuchere, kommt doch richtig der Prinz mit Claudio, Hand in Hand in ernsthaftem Gespräch. Ich verdrücke mich hinter den Wandteppich, und da hörte ich sie besprechen, der Prinz sollt in seinem eigenen Namen um Hero werben, und sie dann dem Grafen Claudio geben.

Don Juan: Kommt, kommt, wir wollen hin! Das ist vielleicht grad das Rechte für meine üble Laune. Dieser junge Emporkömmling hat allen Ruhm von meiner Niederlage. Wenn ich ihm auch nur einen seiner Wege durchkreuzen kann, so will ich mich allerwegen glücklich schätzen. Ihr seid beide zuverlässig und werdet mir beistehen?

Conrado: Bis in den Tod, gnädiger Herr.

Don Juan: Dann auf zum großen Abendessen! Bei denen gehts desto höher her, je tiefer ich unterlegen bin. Ich wollte, der Koch dächte wie ich! Sollen wir gehen und sehen, was zu machen ist?

Borachio: Wie Euer Gnaden befehlen. *Alle ab*

Zweiter Akt

1. Szene

Saal in Leonatos Haus. Leonato, Antonio, Hero, Beatrice, Margareta und Ursula

LEONATO: War Don Juan nicht hier zum Abendessen?

ANTONIO: Ich hab ihn nicht gesehen.

BEATRICE: Wie sauer er aussieht! Immer, wenn ich ihn seh, hab ich noch eine Stunde nachher das Sodbrennen.

HERO: Er hat ein sehr melancholisches Gemüt.

BEATRICE: Ein Mittelding aus ihm und Benedikt, das wäre ein trefflicher Mann. Der eine ist wie eine Bildsäule und sagt gar nichts, und der andere ist wie ein verwöhntes Wunderkind und plappert immerzu.

LEONATO: Also, die halbe Zunge Signor Benedikts in Don Juans Mund, und Don Juans halbe Schwermut in Signor Benedikts Gesicht…

BEATRICE: Und dazu noch gute Beine und Füße, Onkel, und Geld genug in der Tasche; solch ein Mann würde jedes Frauenzimmer der Welt gewinnen, – solange er sich ihre Gunst verschaffen kann.

LEONATO: Meiner Treu, Nichte, du kriegst dein Lebtag keinen Mann, wenn du so eine scharfe Zunge hast.

ANTONIO: Wirklich wahr, sie ist zu böse.

BEATRICE: *Zu* böse, das ist mehr als böse. Auf die Art komm ich um eine Gabe Gottes, denn es heißt: »Einer bösen Kuh gibt Gott kurze Hörner.« – Aber einer *zu* bösen Kuh gibt er gar keine.

LEONATO: Ah! Also, wenn Ihr *zu* böse seid, wird Gott Euch keine Hörner geben.

BEATRICE: Richtig, wenn er mir keinen Mann gibt! – Und um diese Gnade bitt ich ihn jeden Morgen und jeden Abend auf den Knien. Mein Gott! So ein Mann mit einem Bart im Gesicht, das könnt ich nicht ertragen. Lieber wollt ich ohne Laken zwischen wollenen Pferdedecken schlafen.

LEONATO: Vielleicht fändet Ihr einen Mann, der keinen Bart hat.

BEATRICE: Und was fang ich mit dem an? Ihm meine Kleider anziehen und ihn zu meinem Kammermädchen machen? Einer, der einen Bart hat, ist mehr als ein Junge; und einer, der keinen Bart hat, ist weniger als ein Mann. Und einer, der mehr als ein Junge ist, ist nichts für mich; und einer, der weniger als ein Mann ist, für den bin ich nichts. Da will ich lieber sechs Groschen Handgeld vom Bärentreiber nehmen und seine Affen in die Hölle führen, wies alte Jungfern tun.

LEONATO: Da geht Ihr also in die Hölle?

BEATRICE: Nein, nur bis ans Tor, und dort wird mir der Teufel entgegenkommen wie ein alter Hahnrei, mit Hörnern auf dem Kopf, und wird sagen: »Packt Euch fort zum Himmel, Beatrice, packt Euch fort! Für euch Jungfrauen ist kein Platz hier!« Also liefere ich ihm meine Affen ab, und hinauf zu Sankt Peter! Ja, du lieber Himmel, der zeigt mir, wo die Unverheirateten sitzen, und da leben wir dann so lustig, wie der Tag lang ist.

ANTONIO *(zu Hero)*: Nun, liebe Nichte, ich hoffe, Ihr werdet Euch von Eurem Vater regieren lassen?

BEATRICE: Versteht sich. Das ist meiner Kusine Pflicht und Schuldigkeit, einen Knicks zu machen und zu sagen »Wies Euch gefällt, Herr Vater«. Aber trotzdem, Kusinchen; seht zu, daß es ein hübscher junger Mensch ist, sonst macht noch einen zweiten Knicks und sagt: »Wies *mir* gefällt, Herr Vater!«

LEONATO: Nun, Nichte; ich hoffe, ich seh eines Tages auch noch, daß man *Euch* einen Mann verpaßt.

BEATRICE: Diese Gelegenheit wollt' *ich* lieber verpassen, solange der Herrgott die Männer nicht aus passenderem Stoff macht als aus Erde. Wär das nicht traurig für eine Frau, von einem Stück tapferen Staubes übermannt zu werden? Oder über ihr Leben einem nichtsnutzigen Lehmklotz Rechenschaft ablegen zu müssen? Nein, Onkel; nicht für mich! Adams Söhne sind meine Brüder, und wahrhaftig, ich find es eine Sünde, so nah in der Verwandtschaft zu heiraten.

LEONATO: Tochter, denkt dran, was ich Euch gesagt habe. Wenn der Prinz Euch so etwas anträgt, dann wißt Ihr, was Ihr zu antworten habt.

BEATRICE: Die Musik wird daran schuld sein, Kusinchen, wenn man nicht mit rechtem Takt um Euch wirbt. Wenn der Prinz zu vorschnell ist, dann sagt ihm, ein jedes Ding hat sein Maß, so könnt Ihr ihm die Antwort im Schwung des Tanzbeins geben. Denn hört auf mich, Hero: Freien, Heiraten und Bereuen, das ist wie ein schottischer Ländler, ein Menuett und eine Polonaise. Zuerst das Freien, hitzig und stürmisch wie der schottische Ländler, und auch so außer Rand und Band; das Heiraten manierlich und sittsam wie ein Menuett, voller Ansehen und althergebrachter Würde. Und dann kommt die Reue und tanzt auf schlechtem Fuße die Polonaise, einmal hier daneben und einmal dort, rascher und rascher, bis sie ins Grab stolpert.

LEONATO: Nichte, Ihr seht das alles allzu scharf vor Augen.

BEATRICE: Ich hab gute Augen, Onkel; ich kann eine Kirche bei helllichtem Tag sehen.

LEONATO: Da kommen die Masken, Bruder. Machen wir Platz.

Don Pedro, Claudio, Benedikt, Balthasar: sie tragen Masken. Unmaskiert treten Borachio und Don Juan auf

DON PEDRO: Gefällts Euch, Fräulein, mit einem Freund zu gehen?

HERO: Wenn Ihr langsam geht und freundlich dreinschaut und nichts sagt, so bin ich Euer für den einen Gang; und ganz besonders, wenn ich wieder weggeh.

DON PEDRO: Zusammen mit mir?

HERO: Das kann ich sagen, wenns mir gefällt.

DON PEDRO: Und wann gefällts Euch, es zu sagen?

HERO: Wenn ich Euer Gesicht mag; denn Gott verhüte, daß die Laute aussieht wie der Lautenkasten!

DON PEDRO: Meine Maske ist Philemons Dach, in der Hütte aber ist Jupiter.

HERO: Dann sollte Eure Maske aber mit Stroh gedeckt sein!

DON PEDRO: »Sprecht Ihr von Liebe, so sprecht leise wie Diebe.«

Zieht sie zur Seite

BORACHIO: Ich wollte, Ihr liebtet mich.

MARGARETA: Das wollt ich schon um Euretwillen nicht, denn ich hab viele schlechte Eigenschaften.

BORACHIO: Zum Beispiel?

MARGARETA: Ich sag meine Gebete immer laut.

BORACHIO: Desto lieber mag ich Euch! Da können die Zuhörer Amen sagen.

MARGARETA: Gott schicke mir einen guten Tänzer!

BORACHIO: Amen!

MARGARETA: Und Gott schaff ihn mir aus den Augen, wenn der Tanz vorüber ist! – Gib Antwort, Küster.

BORACHIO: Kein Wort mehr! Wenn er Antwort gibt, so küßt er!

Tanzt mit ihr weiter

URSULA: Ich kenn Euch ganz genau: Ihr seid Signor Antonio.

ANTONIO: Mein Wort, ich bin es nicht!

URSULA: Ich kenne Euch am Zittern Eures Kopfes.

ANTONIO: Um Euch die Wahrheit zu sagen, ich machs ihm nach.

URSULA: Ihr könntets ihm niemals so jämmerlich gut nachmachen, wenn Ihrs nicht selber wärt. Da habt Ihrs: Seine trockene Hand, wo Ihr auch hinfaßt. Ihr seids, Ihr seids!

ANTONIO: Mein Wort, ich bin es nicht!

URSULA: Kommt, kommt; denkt Ihr denn, ich erkenne Euch nicht an Eurem trefflichen Witz? Kann Tugend sich verbergen? Geht nur, Ihr seids: Vorzüge kommen ans Licht! Schluß, aus! *Tanzen weiter*

BEATRICE *(zu Benedikt)*: Wollt Ihr mir nicht sagen, wer Euch das gesagt hat?

BENEDIKT: Mit Verlaub, nein.

BEATRICE: Und Ihr wollt mir auch nicht sagen, wer Ihr seid?

BENEDIKT: Nicht jetzt.

BEATRICE: Daß ich abweisend bin und daß ich meinen ganzen Witz nur aus den *Hundert Lustigen Geschichten* habe. – Ah! das war Signor Benedikt, der das gesagt hat!

BENEDIKT: Wer ist denn das?

BEATRICE: Ich bin sicher, Ihr kennt ihn gut genug.

BENEDIKT: Ich? Nein, glaubet mir.

BEATRICE: Hat er Euch nie zum Lachen gebracht?

BENEDIKT: Sagt doch bitte, wer das ist.

BEATRICE: Ach, er ist des Prinzen Hofnarr, ein ganz langweiliger Hanswurst. Das einzige, was er kann, ist, die ausgefallensten Verleumdungen zu erdenken. Nur ein Bruder Liederlich mag sein Bruder sein, und nicht sein Witz ist seine Stärke, sondern seine Niedertracht, denn mit der amüsiert er die Männer, aber ärgert sie zugleich auch, und dann lachen sie über ihn und prügeln ihn. Ich bin sicher, er ist einer von den Flotten, die hier in dieser Flotte herumschwimmen. – Ich wollt, er hätte mich geentert!

BENEDIKT: Wenn ich den Herren kennenlerne, erzähl ich ihm, was Ihr sagt.

BEATRICE: Ja, ja, das tut! Er wird dann nur ein, zwei Gleichnisse für mich brechen; und wenn gar vielleicht niemand davon Notiz

nimmt oder darüber lacht, dann überfällt ihn gleich die Schwermut, und dann spart man einen Rebhuhnflügel, denn dann ißt der Narr den ganzen Abend nichts. *Musik*
Wir müssen den Anführern folgen.

BENEDIKT: In allem, was gut ist.

BEATRICE: Klar, wenn sie uns *anführen* wollen, zum Schlechten, mein' ich, so lasse ich sie bei der nächsten Tour stehen.

Tanz, dann alle ab, außer Don Juan, Borachio und Claudio

DON JUAN: Es steht fest, mein Bruder ist in Hero verliebt und hat ihren Vater beiseite genommen, weil er um sie anhalten will. Die Damen sind ihr nach; nur eine Maske ist noch da.

BORACHIO: Und das ist Claudio. Ich kenn ihn an seiner Haltung.

DON JUAN: Seid Ihr nicht Signor Benedikt?

CLAUDIO: Ihr habts erraten, ich bins.

DON JUAN: Herr, Ihr steht hoch in meines Bruders Gunst. Er ist verliebt in Hero. Ich bitt Euch, redet sie ihm aus. Sie ist ihm nicht ebenbürtig. Ihr würdet da als rechtschaffener Mann handeln.

CLAUDIO: Woher wißt Ihr, daß er sie liebt?

DON JUAN: Ich hab ihn schwören hören.

BORACHIO: Ich auch; er hat geschworen, sie noch heute abend zu heiraten.

DON JUAN: Kommt, gehen wir zu Tisch! *Don Juan und Borachio ab*

CLAUDIO: So antwort ich im Namen Benedikts,
Doch hör die schlimme Post mit Claudios Ohren.
Ja, ganz gewiß: der Prinz freit für sich selbst!
Freundschaft ist treu in allen andern Dingen,
Nur in der Liebe Dienst und Händeln nicht. – Drum
Brauch' jedes Herz, das liebt, die eigne Zunge,
Und jedes Auge werbe für sich selbst und
Trau keinem sonst; denn Schönheit ist 'ne Hexe,
Vor deren Zauber Treue schmilzt zu Blut.
Das lehrt die Stunde *mich*, der ich noch arglos
Vor einer Stunde war. – Drum, Hero, lebe wohl!

Benedikt kommt zurück

BENEDIKT: Graf Claudio?

CLAUDIO: Ja, der bin ich.

BENEDIKT: Kommt, wollt Ihr mit mir gehn?

CLAUDIO: Wohin?

BENEDIKT: Zur nächsten Trauerweide! – In Eurer eigenen Sache, Graf. Wie wollt Ihr den Kranz tragen? Um den Hals, wie eines Wucherers Kette, oder unterm Arm, wie eines Leutnants Schärpe? Tragen müßt Ihr ihn, so oder so, denn der Prinz hat Eure Hero ergattert.

CLAUDIO: Ich wünsch ihm Glück mit ihr.

BENEDIKT: Ah, das ist gesprochen wie ein ehrlicher Viehhändler! So verkauft man Ochsen! Aber habt Ihr wohl gedacht, daß der Prinz Euch diesen Dienst erweisen würde?

CLAUDIO: Ich bitt Euch, laßt mich.

BENEDIKT: Ah, jetzt schlagt Ihr drein wie der blinde Mann! Der Junge wars, der Euch das Fleisch gestohlen hat, und Ihr schlagt den Türstock!

CLAUDIO: Wenn Ihr mich nicht lassen wollt, geh ich. *Ab*

BENEDIKT: O weh, das arme, angeschossene Huhn! Jetzt verkriecht er sich in die Binsen! Aber daß mein Fräulein Beatrice mich kennt und doch nicht kennt?! Des Prinzen Hofnarr! Ha! Mag sein, man sieht mich dafür an, denn ich bin lustig. Ach, aber da tät ich mir selber Unrecht. Ich steh gar nicht in diesem Ruf. Es ist nur Beatrice! In ihrer schlechten, bitteren Denkweise nimmt sie an, die ganze Welt denkt wie sie, und so bringt sie mich in Verruf. Nun schön: so gut ich kann, will ich mich an ihr rächen.

Don Pedro, Hero und Leonato kommen

DON PEDRO: Nun, Signor, wo ist der Graf? Habt Ihr ihn gesehen?

BENEDIKT: Gewiß, gnädiger Herr; ich habe die Rolle der Frau Fama gespielt. Ich fand ihn hier, melancholisch wie eine Jagdhütte im nassen Wald: da sagt' ich ihm, – und ich glaube, ich sagt' ihm die Wahrheit, – Euer Gnaden hätten das Herz dieses jungen Fräuleins gewonnen; und ich bot ihm meine Begleitung zu einer Trauerweide an; entweder um einen Kranz zu flechten, weil er verlassen ist, oder um eine Rute zu binden, weil er Prügel verdient hat.

DON PEDRO: Prügel? Was hat er sich denn zu Schulden kommen lassen?

BENEDIKT: Das alberne Vergehen eines Schuljungen, der voller Freude, daß er ein Vogelnest gefunden hat, es seinem Kameraden zeigt; und der stiehlts ihm.

DON PEDRO: Willst Du Vertrauen zum Vergehen machen? Das Vergehen ist doch bei dem, der stiehlt.

BENEDIKT: Und doch wärs nicht umsonst gewesen, die Rute zu machen, und den Kranz auch; denn den Kranz hätt er selber tragen können; und die Rute, die hätt er Euch geben können; denn Ihr habt ihm doch, glaub ich, sein Vogelnest gestohlen.

DON PEDRO: Ich will aber die Vögel nur singen lehren und sie dem Eigentümer zurückerstatten.

BENEDIKT: Wenn ihr Gesang zu dem stimmt, was Ihr sagt, dann ist das, meiner Treu, edel gesprochen.

DON PEDRO: A propos, das Fräulein Beatrice hat ein Hühnchen mit Euch zu rupfen! – Der Herr, der mit ihr tanzte, hat ihr erzählt, Ihr hättet sehr übel von ihr geredet.

BENEDIKT: Ach, *sie* hat von *mir* so schlecht geredet, daß kein Stück Holz es ausgehalten hätte! Ein Eichbaum, wenn er nur noch ein einziges grünes Blatt gehabt hätte, hätt' ihr geantwortet. Sogar meine Maske fing an lebendig zu werden und sie zu schelten. Sie sagte mir (weil sie nämlich nicht dachte, daß *ich* es war), ich sei des Prinzen Hofnarr; ich sei langweiliger als ein anhaltendes Tauwetter; das ging Schlag auf Schlag, und das flitzte so unglaublich auf mich los, daß ich dastand wie einer, der einem ganzen Heer als Merker an der Schießscheibe dient. Sie spricht lauter Dolche, jedes Wort ein Stich. Wenn ihr Atem so arg wäre wie das, was sie sagt, könnte nichts in ihrer Nähe leben, bis zum Polarstern wär' alles von ihr vergiftet. Ich würde sie nicht heiraten, und wenn sie alles hätte, was Adam vor dem Sündenfall besaß! Die hätte selbst Herkules gezwungen, ihr den Bratspieß zu drehen; ja, und sie hätt' ihm auch noch seine Keule kurz und klein geschlagen, als Brennholz. Kommt, sprecht nicht von ihr. Ihr werdet finden, sie ist die höllische Ate, nur schön herausgeputzt. Wollte Gott, irgendein Gelehrter könnte sie beschwören, denn eins steht fest, solang sie hier auf Erden ist, läßt sichs in der Hölle so ruhig leben wie an einem Zufluchtsort, und die Menschen sündigen eigens, um die höllische Ruhe zu finden; denn sie verbreitet überall nur Unruhe, Schrecken und Verwirrung.

Claudio und Beatrice treten auf

DON PEDRO: Seht, da kommt sie.

BENEDIKT: Haben Euer Gnaden keinen Auftrag für mich ans Ende der Welt? Um der kleinsten Kleinigkeit willen, die Euch einfallen mag, will ich zu den Antipoden gehen! Ich will Euch vom äußersten Ende Asiens einen Zahnstocher bringen oder zum Priester Johannes fahren, um seine Schuhnummer herauszufinden, oder ich will dem Groß-Khan ein Barthaar ausreißen für Euch; ich geh Euch mit jeder Botschaft zu den Pygmäen, eh ich nur drei Worte mit dieser Harpye wechsle! Habt Ihr keinen Auftrag für mich?

DON PEDRO: Keinen, als daß ich um Eure angenehme Gesellschaft bitte.

BENEDIKT: O, gnädiger Herr, das ist ein Gericht, das ich nicht liebe. Ich kann das Fräulein Zunge nicht ertragen. *Ab*

DON PEDRO: Hört, Fräulein, hört! Signor Benedikts Herz habt Ihr *verloren.*

BEATRICE: In der Tat, gnädiger Herr? Er hatte es mir eine Zeitlang geliehen, und ich gab ihm Zinsen dafür; zwei Herzen für sein einzelnes. Meiner Treu, einmal hat er's mir abgenommen, mit falschen Würfeln, und drum mögen Euer Gnaden wohl sagen, ich hab es verloren.

DON PEDRO: Ihr seid ihm schwer auf den Magen gefallen, Fräulein; sehr schwer!

BEATRICE: Solang nur er das nicht mir getan hat, gnädiger Herr! Sonst könnt ich leicht zur Mutter von Narren werden. Ich habe Graf Claudio gebracht, den Ihr mich suchen hießt.

DON PEDRO: Nun, Graf, wie gehts? Warum seid Ihr so traurig?

CLAUDIO: Nicht traurig, Herr.

DON PEDRO: Was denn? Krank?

CLAUDIO: Auch das nicht, Herr.

BEATRICE: Der Graf ist weder traurig, noch krank, noch lustig, noch wohlauf, sondern *höflich*: er hat nur im Sinne, zivil zu sein; zivil wie eine Apfelsine von Sevilla. Und er hat auch etwas von ihrer eifersüchtigen Farbe.

DON PEDRO: Wirklich, Fräulein, ich glaub, Ihr gebt die Farbe seines Schildes richtig an. Doch will ich schwören, er deutet falsch, was hier im Schild geführt wird! Hier Claudio! Ich hab in deinem Namen gefreit, die schöne Hero ist gewonnen! Ich hab mit ihrem Vater gesprochen und sein Jawort erhalten. Setz den Hochzeitstag fest, und Gott gebe dir seinen Segen!

LEONATO: Graf, nehmt von mir meine Tochter, und mit ihr mein Vermögen: Auf Seiner Gnaden Fürsprache hab ich *Ja* gesagt, und des Himmels Gnade mag *Amen* dazu sagen.

BEATRICE: Sprecht, Graf, jetzt ists an Euch.

CLAUDIO: Schweigen ist der vollkommenste Herold der Freude. Mein Glück wäre nur klein, wenn ich *sagen* könnte, wie groß es ist! –

Fräulein, so wie Ihr mein seid, bin ich Euer. – Ich gebe *mich Euch* und bin voll Sehnsucht nach dem Austausch.

BEATRICE: Sprecht, Kusine! Oder, wenn Ihrs nicht könnt, stopft ihm den Mund mit einem Kuß und laßt auch ihn nicht reden.

DON PEDRO: Meiner Treue, Fräulein, Ihr habt ein fröhliches Herz.

BEATRICE: Ach ja, gnädiger Herr; und dafür bin ich ihm auch dankbar, dem närrischen Ding! Es hält sich immer an der Windseite des Kummers. Jetzt sagt meine Kusine ihm ins Ohr, daß er in ihrem Herzen ist.

CLAUDIO: Ja, Kusine! Das tut sie wirklich!

BEATRICE: Du lieber Gott, so wird alles Verwandtschaft und heiratet! Die ganze Welt, nur ich nicht; und mich verbrennt die Sonne. Ich muß im Winkel sitzen und schrein: »He, einen Mann!«

DON PEDRO: Fräulein Beatrice, ich will Euch einen schaffen.

BEATRICE: Ich hätt lieber einen, den Euer Herr Vater geschaffen hat. Haben Euer Gnaden nicht etwa einen Bruder, der Euch gleicht? Euer Vater hat hervorragende Ehemänner geschaffen, wenn ein ehrliches Mädchen nur dran herankommen könnt'!

DON PEDRO: Wollt Ihr *mich* haben, Fräulein?

BEATRICE: Nein, gnädiger Herr. Außer wenn ich noch einen zweiten für alle Tage haben könnt. – Euer Gnaden sind zu kostbar, um Euch werktags zu tragen! Aber ich bitte Euer Gnaden, nehmts nicht übel! Ich bin geboren, nur lauter Unsinn zu reden, und nichts Ernsthaftes.

DON PEDRO: Das einzige, was ich Euch übelnähm, wär Euer Schweigen; das Lustigsein kleidet Euch, denn ohne Frage seid Ihr in einer lustigen Stunde geboren.

BEATRICE: Nein, gewiß nicht, gnädiger Herr. Meine Mutter hat geschrien. Aber, da war auch ein Stern, der tanzte, und unter dem bin ich geboren. – Viel Glück, Kusin und Kusine! Gott segne euch!

LEONATO: Nichte, wollt Ihr so gut sein und nach dem sehen, wovon ich Euch sagte?

BEATRICE: Ach, verzeiht, Onkel! Euer Gnaden gestatten!

Sie verbeugt sich und geht

DON PEDRO: Wirklich, ein kluges, lebhaftes Fräulein!

LEONATO: Vom Element der Melancholie hat sie gar wenig, gnädiger Herr. Sie ist niemals traurig, außer wenn sie schläft. Und nicht einmal dann, denn ich hab meine Tochter sagen hören, sie habe oft von Unglück geträumt und sei vor Lachen drüber aufgewacht.

Don Pedro: Sie kanns nicht ertragen, wenn man ihr von einem Mann spricht.

Leonato: Nein, um nichts in der Welt. All ihre Freier spottet sie von dannen.

Don Pedro: Sie wäre eine treffliche Frau für Benedikt.

Leonato: O Herrgott, Herr! Wenn die nur eine Woche verheiratet wären, die würden einander um Kopf und Verstand schwatzen!

Don Pedro: Graf Claudio, wann gedenkt Ihr zur Kirche zu gehen?

Claudio: Morgen, gnädiger Herr. Die Zeit geht auf Krücken, solange die Liebe nicht all ihre Riten erfüllt hat.

Leonato: Nicht bis Montag, mein lieber Sohn! Noch knappe acht Tage – und auch das ist noch zu kurz, um alles zuzurüsten, wie ichs im Sinn habe.

Don Pedro: Kommt, Ihr schüttelt den Kopf über eine so lange Atempause? – Aber ich bürg dir dafür, Claudio, die Zeit soll uns nicht lang werden. Ich will in dieser Zeit eine Herkulesarbeit auf mich nehmen; nämlich Signor Benedikt und Fräulein Beatrice in einen Berg von Liebe zu bannen. Ich möchte sie gerne zusammenbringen, und ich zweifle nicht, daß ichs zuwegebringe, wenn ihr drei mir nur helfen wollt, wie ichs euch sage.

Leonato: Gnädiger Herr, verfügt über mich, und wenns mich zehn Nachtwachen kostet!

Claudio: Auch über mich, gnädiger Herr.

Don Pedro: Und Ihr, liebenswürdige Hero?

Hero: Ich will alles tun, was recht ist, gnädiger Herr, um meiner Kusine zu einem guten Mann zu verhelfen.

Don Pedro: Und Benedikt als Mann wär nicht der hoffnungsloseste. Ich kenne Schlechtere. Das kann ich schon zu seinem Ruhm sagen: er ist von edler Herkunft, von bekannter Tapferkeit und von bewährter Ehrlichkeit. *(zu Hero)* Ich will Euch beibringen, wie Ihr Eure Kusine in Stimmung bringen könnt, daß sie sich in Benedikt verliebt. *(zu Leonato und Claudio)* Und mit euer beider Hilfe will ich Benedikt so zusetzen, daß er sich mitsamt seinem raschen Witz und heiklen Magen in Beatrice verliebt! Wenn wir das zustandebringen, so ist Cupido kein Bogenschütze mehr: sein Ruhm soll dann der unsre sein, denn die einzigen Liebesgötter sind wir! Kommt mit mir ins Haus, ich will euch meinen Plan sagen. *Ab*

2. *Szene*

Ein anderes Zimmer im Haus Leonatos. Don Juan und Borachio treten auf

DON JUAN: So ist es. Graf Claudio soll Leonatos Tochter heiraten.

BORACHIO: Ja, gnädiger Herr; aber ich kann ihnen einen Riegel vorschieben.

DON JUAN: Jedes Hindernis, jeder Riegel, jede Falle ist Medizin für mich! Ich bin krank vor Haß gegen ihn. Was immer seinem Glück in die Quere kommt, das geht *meinen* Weg! – Wie kannst du ihnen einen Riegel vorschieben?

BORACHIO: Auf geradem Weg nicht, gnädiger Herr; aber der Schleichweg ist so gut versteckt, daß man mir keinen krummen Schritt anmerken soll.

DON JUAN: *Wie?* – Sags schnell!

BORACHIO: Ich glaube, ich hab Euer Gnaden schon vor einem Jahr gesagt, daß ich bei Margareta, Fräulein Heros Kammerjungfer, einen Stein im Brett hab.

DON JUAN: Ja, ich weiß.

BORACHIO: Ich kann mich mit ihr verabreden, daß sie mitten in der Nacht aus des Fräuleins Schlafkammerfenster heraussieht.

DON JUAN: Aber wie wird aus deinem Liebesleben der Tod für diese Hochzeit?

BORACHIO: Daraus das Gift zu mischen, ist Eure Sache. Geht doch zum Prinzen, Eurem Bruder; macht ihm eifrigst klar, daß er seiner Ehre Schaden angetan hat, indem er den ruhmreichen Claudio (dessen Lob Ihr nach Kräften singen müßt) mit einer angesteckten Hure vermählt, wie diese Hero!

DON JUAN: Welche Beweise kann ich dafür erbringen?

BORACHIO: Beweise genug, um den Prinzen zu täuschen, Claudio zu quälen, Hero zugrunde zu richten und Leonato zu töten. Wollt ihr noch mehr?

DON JUAN: Wenn ich ihnen was antun kann, so will ich alles versuchen.

BORACHIO: Dann geht und sucht die rechte Gelegenheit, Don Pedro und Claudio allein zu sprechen. Sagt ihnen, Ihr wißt, daß Hero mich liebt. Legt Eifer für den Prinzen und für Claudio an den Tag (also: daß Euch Eures Bruders Ehre am Herzen liegt, der diese Ehe gestiftet hat; und der gute Ruf seines Freundes, der durch den falschen Anschein ihrer Unschuld betrogen werden soll), nur darum sagt Ihr es ihnen! Sie werden es schwerlich glauben, ohne den Fall zu untersuchen. Aber bietet ihnen Beweise an, und da solls am Anschein nicht fehlen: Sie sollen mich am Fenster ihrer Schlafkammer sehen; sie sollen hören, wie ich Margareta Hero rufe; sie sollen hören, wie Margareta mich Claudio nennt; und das zeigt Ihr ihnen gerade in der Nacht vor der Hochzeit! Denn ich richt es mittlerweile so ein, daß Hero gar nicht da sein wird; und Heros Untreue soll so offenkundig scheinen, daß die Eifersucht sie für eine feststehende Tatsache halten muß; dann sind alle Hochzeitsvorbereitungen zunichte.

DON JUAN: Was immer draus an Unheil erwächst, ich wills tun. Geh schlau zu Werke, und du kriegst tausend Dukaten!

BORACHIO: Seid nur Ihr standhaft mit Euren Anschuldigungen; meine List soll mir keine Schande machen.

DON JUAN: Ich will gleich gehn und hören, auf welchen Tag die Hochzeit angesetzt ist. *Beide ab*

3. Szene

Leonatos Garten. Benedikt und ein Junge treten auf

BENEDIKT: Junge!

JUNGE: Ja, Herr?

BENEDIKT: Im Fenster meiner Kammer liegt ein Buch. Bring es mir hier in den Garten.

JUNGE: Ich bin schon hier, Herr.

BENEDIKT: Das weiß ich, aber du sollst gehn und dann mit dem Buch hier sein. *Junge ab*

BENEDIKT: Ich finde es doch sehr merkwürdig: Ein Mann, der sieht, was für ein Narr ein anderer Mann ist, der sich in allem, was er tut, der Liebe hingibt, wird dennoch, nachdem er diese abgeschmackten Torheiten bei anderen ausgelacht hat, selber zur Zielscheibe seiner eigenen Verachtung, indem er sich verliebt. Und so ein Mann ist Claudio. Ich kannte ihn, als es für ihn keine Musik gab als Trommel und Querpfeife; und jetzt möchte er lieber Tamburin und Flöten hören. Ich kannte ihn, als er zehn Meilen zu Fuß gegangen wäre, um eine schöne Rüstung zu sehen, und jetzt liegt er lieber zehn Nächte lang wach und überlegt sich einen neumodischen Schnitt für sein Wams! Früher hat er schlicht und einfach zur Sache gesprochen wie ein ehrlicher Mann und ein Soldat; und nun ist er ein Wortklauber geworden; seine Worte sind ein phantastisches Bankett, jedes ein unbekanntes Gericht. Ob auch ich mich noch so bekehre und so dreinschaue? Schwer zu sagen, aber ich glaube nicht. Ich will nicht drauf schwören, daß mich Cupido nicht noch in eine Auster verwandeln könnte. Aber auf eines *will* ich schwören! Solang er mich nicht zu einer Auster gemacht hat, soll er niemals so einen Narren aus mir machen! *Ein* Frauenzimmer ist schön; trotzdem, ich bin noch heil. Eine zweite ist klug; trotzdem: ich bin noch heil. Wieder eine andere ist tugendhaft; trotzdem: ich bin noch heil. Solange nicht alle Gnade des Schicksals in einem einzigen Frauenzimmer vereint ist, soll auch nicht ein einziges Frauenzimmer Gnade vor mir finden. Reich muß sie sein, das steht fest; klug! sonst lehn ich ab; tugendhaft, sonst lasse ich mich auf den Handel erst gar nicht ein; schön, sonst seh ich sie erst gar nicht an; sanft, sonst braucht sie mir gar nicht in die Nähe zu kommen; edel, sonst ohne mich, selbst wenn man mir draufzahlt; angenehm in der Unterhaltung, gut in der Musik; und wenn sie das alles ist, dann darf ihr Haar von jeder Farbe sein, die Gott gefällt! – Ha! Da kommt der Prinz und Monsieur Liebhaber! Ich will mich in der Laube verstecken.

Tut es. Don Pedro, Leonato, Claudio. Man hört Musik

DON PEDRO: Kommt, wollen wir diese Musik anhören?
CLAUDIO: Gern, gnädiger Herr! Wie still der Abend ist,
Als schwieg er eigens der Musik zuliebe!
DON PEDRO: Seht Ihr, wie sich dort Benedikt versteckt hat?
CLAUDIO: Sehr wohl mein Herr. Wenn die Musik zu End ist,
Kriegt auch das Füchslein dort im Bau sein Teil.

Balthasar tritt auf

DON PEDRO: Komm, Balthasar! Sing uns das Lied noch einmal!
BALTHASAR: Oh Herr, zwingt diese schlechte Stimme nicht,
Noch einmal die Musik zu verschimpfieren!
DON PEDRO: Noch immer ists ein Zeichen hohen Könnens,
die eigene Vollendung zu verleugnen. –
Ich bitt dich, sing, und laß mich nicht mehr werben.
BALTHASAR: Weil Ihr vom Werben *sprecht*, so will ich *singen*:
Denn mancher Werber spricht und spricht zu einer,

An der ihm gar nichts liegt, und dennoch spricht er,
Und dennoch schwört er Liebe!

Don Pedro: Bitte, komm schon!
Und willst du wirklich länger disputieren,
So tus in Noten.

Balthasar: Oh du liebe Not!
Wos doch notorisch ist, daß keine meiner Noten
Wert ist, daß man von ihr Notiz nimmt, Herr!

Don Pedro: Der Schwerenöter spricht schon jetzt nach Noten!
Und, nota bene, ehe er noch singt. *Musik*

Benedikt *(für sich)*:
Nun: »O göttliche Musik! Nun ist sein' Seel' verzückt.« Ist es nicht seltsam, daß die Därme von Schafen die Seelen von Menschen aus ihren Leibern hervorziehen können? Aber ich zieh letzten Endes doch das Horn vor.

Balthasar *(singt)*:
Ach, weint nicht, Mädchen! 's ist bekannt:
Ein Mann kennt keine Treue.
Ein Fuß im Meer, ein Fuß am Strand,
So lockt ihn stets das Neue.
Drum weinet nicht,
Wenn Treue bricht:
Seid froh und kränkt euch nie!
Und statt zu klagen um den Wicht,
Singt Heißa Jucheidie!

O, klagt nicht und singt nicht von Reu
Im tränennassen Staub:
Der Männer Treu grünt stets aufs neu
Wie jedes Jahr das Laub.
Drum weinet nicht,
Wenn Treue bricht:
Seid froh und kränkt euch nie!
Und statt zu klagen um den Wicht,
Singt Heißa Jucheidie!

Don Pedro: Meiner Treu, ein gutes Lied!

Balthasar: Und ein schlechter Sänger, mein Herr!

Don Pedro: Was? – Nein, nein; wirklich: du singst gut genug; für diesmal wirds reichen.

BENEDIKT *(beiseite)*: Wär er ein Hund gewesen, der so geheult hätte, dann würden sie ihn gehenkt haben. Geb Gott, daß seine Rabenstimme kein Unglück ankündigt. Ich hätt grad so gern den Nachtraben gehört, ganz gleich, welche Krankheit der herbeikrächzt.

DON PEDRO: Ja, wirklich. – Hörst du, Balthasar? Ich bitt dich, schaff uns wirklich ausgezeichnete Musik, denn morgen abend möchten wir vor Fräulein Heros Kammerfenster spielen.

BALTHASAR: Was in meinen Kräften steht, gnädiger Herr.

DON PEDRO: Tu, was du kannst. Leb wohl. *(Balthasar und Musikanten ab)* Kommt nun, Leonato. Was war das, was Ihr mir heute gesagt habt, daß Eure Nichte Beatrice in Signor Benedikt verliebt ist?

CLAUDIO: Ach! *(leise zu Don Pedro)* Nur weiter, nur weiter; der Vogel sitzt! *(wieder laut)* Ich hätt nie gedacht, daß dieses Fräulein je einen lieben würde.

LEONATO: Nein; ich genausowenig. Aber das größte Wunder ist, daß sie gerade von Signor Benedikt so schwärmt. Es sah doch immer so aus, als hätte sie ihn so verabscheut.

BENEDIKT *(für sich)*: Ists möglich? Bläst der Wind aus diesem Winkel?

LEONATO: Meiner Treu, Herr! Ich weiß nicht, was man sonst davon halten soll, als daß sie ihn leidenschaftlich liebt, bis zur Raserei; es übersteigt alle Begriffe.

DON PEDRO: Vielleicht ist das bei ihr nur Verstellung?

CLAUDIO: Ja, ja; sehr wahrscheinlich!

LEONATO: O Gott, Verstellung?! So lebensecht ist Leidenschaft noch nie nachgemacht worden, wie die, die sich bei *ihr* zeigt.

DON PEDRO: Wieso? Wie zeigt sich denn ihre Leidenschaft?

CLAUDIO *(leise)*: Nur guten Köder an den Haken! Der beißt an!

LEONATO: Wie sie sich zeigt, gnädiger Herr? Nun, sie sitzt Euch da – Ihr habt ja gehört, wie meine Tochter es Euch erzählt hat.

CLAUDIO: Ja, sie hats erzählt.

DON PEDRO: Wie, wie? Sprecht doch, bitte! Ich bin noch ganz erstaunt über Eure Worte. Ich dachte, sie sei gefeit gegen jeden Ansturm der Leidenschaft.

LEONATO: Darauf hätte ich auch geschworen, gnädiger Herr! – Besonders gegen Benedikt.

BENEDIKT *(leise)*: Ich hielte das für eine Intrige, wenn nicht der Weißbart da genauso spräche. Ein Bubenstreich kann sich doch nicht hinter so ehrwürdigem Aussehen verstecken?

CLAUDIO *(leise)*: Er hat angebissen! Jetzt weiter!

DON PEDRO: Ließ sie den Benedikt ihre Leidenschaft merken?

LEONATO: Nein, und sie schwört, sie wird es niemals tun. Drum quält sie sich ja so.

CLAUDIO: Ja, das ist wahr, das erzählt auch Eure Tochter. Daß sie sagt »Soll ich, die ich ihm so oft mit Verachtung begegnet bin, ihm schreiben, daß ich ihn liebe?«

LEONATO: Das sagt sie jetzt, so oft sie ihm zu schreiben beginnt; denn sie steht zwanzigmal jede Nacht auf, und da sitzt sie dann in ihrem Nachthemd, bis sie ein ganzes Blatt Papier vollgeschrieben hat. Meine Tochter hat uns das alles erzählt.

CLAUDIO: Nun, da Ihr von Briefpapier redet, fällt mir ein lustiger Witz ein, den Eure Tochter uns erzählt hat.

LEONATO: Ach! Wie sie den Brief geschrieben hat und das Papier säuberlich zusammenlegt, so daß dann *Benedikt* und *Beatrice* aufeinander zu liegen kamen?

CLAUDIO: Ja, den meine ich.

LEONATO: Ja, aber die Arme hat daraufhin den Brief in tausend kleine Stücke zerrissen und war wütend auf sich, daß sie so schamlos sein könne, sich so zum Gespött zu machen; besonders noch indem sie an jemand schrieb, von dem sie wußte, er würde sie auch nur verspotten. Sie sagt nämlich: »Ich beurteile ihn nach mir selbst. Denn wenn er mir geschrieben hätte, würde ich ihn auch verspotten. Ja! So sehr ich ihn liebe; *das* würde ich tun!«

CLAUDIO: Und dann wirft sie sich auf die Knie, weint, schluchzt, schlägt sich die Brust, reißt sich die Haare aus, betet, flucht: – »Süßer Benedikt, Gott gebe mir Geduld!«

LEONATO: Ja so treibt sies. Das sagt auch meine Tochter. Und diese Raserei hat so von ihr Besitz ergriffen, daß meine Tochter manchmal Angst hat, sie wird sich in ihrer Verzweiflung etwas antun. Nur allzu wahr!

DON PEDRO: Es wäre gut, wenn jemand *anderer* es Benedikt sagen könnte; – wenn doch *sie* es ihm nicht gestehen will.

CLAUDIO: Wozu? Er hätte nur seinen Spaß daran; er würde die Arme noch mehr quälen.

DON PEDRO: Wenn er das tut, dann wärs eine gute Tat, ihn zu hängen!

Sie ist ein außerordentlich liebenswürdiges Fräulein, und ihre Tugend ist über jeden Verdacht erhaben.

CLAUDIO: Und sie ist ungemein klug.

DON PEDRO: In jeder Hinsicht, außer daß sie Benedikt liebt.

LEONATO: O gnädiger Herr, wenn Verstand und heißes Blut in einem so zarten Leib gegeneinander ankämpfen, dann haben wir zehn Beispiele gegen eins, daß das Blut den Sieg davonträgt. Sie tut mir wirklich leid, und dazu hab ich guten Grund, denn ich bin ihr Onkel und Vormund.

DON PEDRO: Ich wollte, *ich* wäre das Ziel ihrer Schwärmerei! *Ich* hätte alle anderen Bedenken beiseitegelassen und hätte sie zu meiner Ehehälfte gemacht. Ich bitte Euch, sagt Benedikt davon, und hört, was er dann sagt.

LEONATO: Wäre das gut, glaubt ihr?

CLAUDIO: Hero glaubt, sie wird sterben, denn Beatrice selber sagt, sie wird sterben, wenn er sie nicht liebt. Und sie wird auch eher sterben, als daß sie ihm ihre Liebe gesteht, und wenn er um sie freit, wird sie eher sterben, als auch nur ein Haarbreit ihrer gewöhnlichen Widerspenstigkeit aufzugeben.

DON PEDRO: Da hat sie recht, denn wenn *sie* ihm *ihre* Liebe *gestehen* würde, dann ists gut möglich, daß er sie verschmäht. Denn der Mann, das wißt ihr ja alle, ist ein Verächter der Damen.

CLAUDIO: Dabei ein sehr gut aussehender Mann.

DON PEDRO: Ja wirklich; nach außen hin wirkt er wirklich gut.

CLAUDIO: Auch im Angesicht des Herrn; und meines Erachtens ist er auch sehr klug!

DON PEDRO: Ja, er zeigt wirklich etliche Funken, die wie Geist aussehen.

CLAUDIO: Und *ich* halte ihn auch für tapfer.

DON PEDRO: Wie der wütende Hektor, das versichere ich Euch! Und Ihr könnt auch sagen, er ist weise, was Ehrenhändel betrifft. Denn entweder geht er ihnen mit großem Feingefühl aus dem Wege, oder er nimmt sie mit höchst christlicher Furcht auf sich.

LEONATO: Wenn er Gott fürchtet, so *muß* er notwendigerweise Frieden halten. Und bricht er den Frieden, dann ist es nur recht, daß er sich in Händel nur mit Furcht und Zagen einläßt.

DON PEDRO: So ist es auch! Denn der Mann hat Gottesfurcht im Leib, auch wenn es nach seinen Späßen, die er macht, manchmal gar nicht so aussieht. Nun ja, jedenfalls, mir ists leid um Eure Nichte. Sollen wir nicht Benedikt aufsuchen und ihm von ihrer Liebe erzählen?

CLAUDIO: Nein, gnädiger Herr! Erzählt ihm nichts; sie soll versuchen, sich mit Hilfe von gutem Rat diese Liebe aus dem Kopf zu schlagen.

LEONATO: Nein, das ist unmöglich; eher schlägt sie sich ihr Herz aus dem Leib.

DON PEDRO: Nun, wir wollen hören, was Eure Tochter weiter von dieser Liebe zu berichten hat. Indessen mag sie sich abkühlen. Ich habe für Benedikt etwas übrig, und ich wünschte nur, er würde sich in aller Bescheidenheit selbst prüfen. Dann würde er sehen, wie wenig er so ein liebenswürdiges Fräulein überhaupt verdient.

LEONATO: Gnädiger Herr, wollt Ihr kommen? Das Essen ist bereit.

Sie gehen

CLAUDIO *(leise)*: Wenn er daraufhin nicht von ihr schwärmt, dann will ich meinen Erwartungen nie mehr trauen!

DON PEDRO: Nun werft das gleiche Netz nach *ihr* aus; und *das* muß Eure Tochter samt ihren Kammerjungfern besorgen. Der Spaß wird sein, wenn jedes glaubt, daß das andere in es verliebt ist, auch wenns gar nicht stimmt. Das ist das Schauspiel, das ich sehen möchte, und wenns auch nur eine Art Pantomime ist, ein Auftakt ohne Worte. Wir wollen sie herschicken, daß sie ihn zu Tisch ruft.

Don Pedro, Claudio und Leonato ab

BENEDIKT *(tritt vor)*: Das kann keine Intrige sein. Das Gespräch war ernsthaft. Und sie habens haargenau von Hero. Sie scheinen das Fräulein zu bedauern; allem Anschein nach ist es wirklich höchste Leidenschaft. In mich verliebt? – Also: das muß erwidert werden! Und ich habe gehört, was man an *mir* kritisiert; sie sagen, ich werde hochmütig sein, wenn ich merke, daß sie mich liebt. Sie sagen auch, sie wird eher sterben als ihre Zuneigung durch irgendein Zeichen verraten. Ich wollte nie heiraten; aber man soll mich nicht für hochmütig halten! Glücklich die, die ihre Fehler zu hören bekommen und sich entsprechend bessern können! Sie sagen, das Fräulein ist schön – *das* ist wahr! Das kann auch ich bezeugen! Und tugendhaft – das wird schon so sein, ich habe keinen Gegenbeweis; und klug, außer, daß sie in mich verliebt sei. Ja, meiner Treu, dadurch erscheint sie zwar nicht gerade klüger, aber das ist doch auch kein Beweis für Dummheit, denn ich für mein Teil will ganz schrecklich in sie verliebt sein! Kann schon sein, daß man etliche

Späße und schlechte Witze über mich reißen wird, weil ich so lange aufs Heiraten geschimpft habe; aber kann man seinen Geschmack nicht ändern? Ein Mann kann in seiner Jugend einen Braten lieben, den er im Alter nicht ausstehen kann. Sollen boshafte Bemerkungen und Spottreden und derlei Papierkugeln, die das Gehirn verschießt, einen *Mann* aus der Bahn bringen, nach der ihm der Sinn steht?! Nein, die Welt muß bevölkert sein! Als ich sagte, ich würde als Junggeselle sterben, da dachte ich nicht, ich würde so lange leben, daß ich zum Heiraten käme. – Da kommt Beatrice. So wahr heut ein Tag ist, sie *ist* ein schönes Mädchen! Ich merk auch wirklich schon einige Anzeichen der Liebe an ihr.

Beatrice tritt auf

Beatrice: Gegen meinen Willen hat man mich hergeschickt: ich soll Euch zu Tische rufen.

Benedikt: Schönste Beatrice, ich dank Euch für Eure Mühe!

Beatrice: Um diesen Dank hab ich mir nicht mehr Mühe gemacht, als Ihr Euch Mühe machtet, mir zu danken. Wärs mühevoll gewesen, so wär ich nicht gekommen.

Benedikt: Der Auftrag hat Euch also Vergnügen gemacht?

Beatrice: Ja gerade so viel, als sich auf eine Messerspitze nehmen läßt, um einer Elster damit den Schnabel zu stopfen. – Ihr habt wohl keinen Appetit, Signor? Nun, dann lebt wohl! *Ab*

Benedikt: Ah! »Gegen meinen Willen hat man mich hergeschickt, ich soll Euch zu Tische rufen.« Es ist ein Doppelsinn in diesen Worten. »Um diesen Dank hab ich mir nicht mehr Mühe gemacht als Ihr Euch Mühe machtet, mir zu danken«; das heißt soviel wie: »Jede Mühe, die ich mir Euch zuliebe mach, ist so leicht, wie wenn man danke sagt.« Wenn ich für sie kein Mitgefühl hab, bin ich ein Schurke! Wenn ich sie nicht liebe, bin ich ein Jude! Ich will gehn und mir ein Bild von ihr verschaffen. *Ab*

Dritter Akt

1. Szene

Leonatos Garten.
Hero, Margareta und Ursula treten auf

HERO: Lieb' Margareta. Lauf du in den Saal!
Du findest dort Kusine Beatrice;
Sie redet mit dem Prinzen und mit Claudio.
Sag ihr ins Ohr: wir, ich und Ursel hier,
Gehn auf und ab im Garten, und wir sprechen
Von nichts als ihr. Sag, du hast uns belauscht;
Und sag, sie soll sich in die Laube schleichen,
Wo Geißblatt, an der Sonne voll erblüht,
Die Sonne nicht mehr einläßt, – wie ein Günstling,
Den Prinzen stolz machten, den Stolz zuletzt
Gegen die Macht kehrt, die ihn aufzog. Dort soll
Sie sich verstecken und uns reden hören. –
Das ist dein Amt. Machs gut! Laß uns allein.
MARGARETA: Ich mach schon, daß sie kommt! Ich bürg Euch, gleich!
Ab
HERO: Nun Ursula, wenn Beatrice kommt
Und wir in der Allee hier auf und ab gehn,
Sprechen wir von sonst nichts als Benedikt.
Wenn ich ihn nenn, ists deine Rolle, ihn
Zu loben, mehr als je ein Mann verdient hat.
Und *ich* muß *dir* sagen, wie Benedikt
Vor Leidenschaft für Beatrice krank ist.
Denn *das* ist klein Cupidos flinker Pfeil,
Der einzig durchs Gerücht verletzt. *Beatrice kommt*
Fang an jetzt.
Denn schau: dort läuft Beatrice wie ein Kibitz,
Ganz nah am Boden, um uns zu belauschen.
URSULA: Das schönste Angeln ists, den Fisch zu sehn, der
Den Silberstrom mit goldenen Rudern schneidet,
Anbeißt voll Gier und schluckt den tückischen Köder.
So angeln wir nach Beatrice, die sich
Jetzt duckt dort ins Gebüsch aus dichtem Geißblatt.
Habt keine Angst; ich spiel mein Teil schon gut.

Hero: Dann gehn wir näher, daß ihr Ohr ganz aufnimmt
Den tückisch-süßen Köder, den wir legen.
Sie nähern sich der Laube. Hero laut:
Nein wirklich, Ursula, sie ist zu spröde!
Ich weiß, ihr Sinn ist scheu und unnahbar
Wie Falken auf dem Feld.
Ursula: Doch seid Ihr sicher,
Daß Benedikt sie über alles liebt?
Hero: Das sagt der Prinz; das sagt auch mein Verlobter.
Ursula: Und sagt, Madame: hießen sie Euch ihrs sagen?
Hero: Sie *flehten*, daß ich es ihr sag. Doch ich
Bestimmte sie, schon Benedikt zuliebe,
Ihm beizustehen *gegen* diese Neigung
Und Beatrice nie ein Wort zu sagen.
Ursula: Was habt Ihr das getan? Verdient der Herr nicht
Ein solches volles, glückliches Ehebett
Wie das, drin Beatrice liegen würde?!
Hero: O Gott der Lieb! Ich weiß wohl, er verdiente
Soviel, wie je ein Mann erlangen mag!
Doch nie schuf die Natur ein Frauenherz
Aus härtrem Stoff als das der Beatrice:
Verachtung, Hohn sprühn funkelnd ihr im Auge
Und schmähn, was sie erblickt; auch schätzt ihr Geist sich
Selber so hoch, daß alles andre ihr
Nur schwächlich scheint. Sie *kann* drum gar nicht lieben
Noch Sinn noch Form der Neigung auf sich nehmen:
Sie ist zu voll von *sich*.
Ursula: Ja, *ich* glaubs auch.
Drum wärs gewiß nicht gut, wenn sie erführe,
Daß er sie liebt; ihr wärs doch nur ein Spott.
Hero: Ja, das ist wahr. Sooft ich einen Mann sah,
Klug, edel, jung, schön, – das half alles nichts.
Sie las das umgekehrt; und war er blaß,
Schwur sie, der Herr sollt' ihre Schwester sein!
Und war er dunkel, sprach sie: »Die Natur hat
'nen Klecks gemacht beim Zeichnen einer Fratze!«
Und war er groß – »ein Speer mit schlechter Spitze!«
Und klein – »eine verpfuschte Miniatur!«

Sprach er, so wars ein windiger Wetterhahn,
Und schwieg er, wars ein Klotz, den nichts bewegte.
An jedem sieht sie nur die schlechte Seite,
Nie räumt sie dem, was wahr und gut ist, ein,
Was grader Sinn und was Verdienst erfordern.

URSULA: Ja, ja! So kritisch sein empfiehlt sich gar nicht.

HERO: Gewiß nicht. Und auch nicht so eigensinnig
Und ausgefalln, wie Beatrice ist.
Doch wer wagt ihrs zu sagen? Wenn ich spräche,
Ich wär ein Nichts vor ihrem Spott, sie würde
Mich ganz zuschanden lachen, und sie würde
Mit ihrem Witz mich gleich zu Tode drücken!
Drum mag auch Benedikt wie zugedecktes Feuer
Vor Seufzern sich verzehren und vergehn:
Noch besser, als zu Tod *gespottet* werden!
Denn das ist grad so arg wie tot*gekitzelt*.

URSULA: Und doch: erzählt ihrs! Hört, was sie drauf sagt.

HERO: Nein, eher geh ich noch zu Benedikt
Und rat ihm, seine Neigung zu bekämpfen.
Nein, wirklich, mir fällt schon was Böses ein
Von ihr, das ich ihm sag. – Es muß nicht wahr sein! –
Man stellt sich gar nicht vor, wie schnell und leicht
Ein schlechtes Wort ein Gift sein kann für Liebe!

URSULA: O tut Eurer Kusine das nicht an!
Ihr kann nicht so ganz alles Urteil mangeln
(Wo sie doch solchen raschen, scharfen Sinn hat,
Wie man ihrs nachrühmt), einen solchen Herrn
Wie Signor Benedikt zurückzustoßen!

HERO: Er ist der einzige Mann in ganz Italien,
Natürlich bis auf meinen teuren Claudio!

URSULA: Ich bitt euch, zürnt mir nicht, Madame, daß ich so
Red wie ich denk: der Signor Benedikt,
Der ist an Ruf der *erste* in Italien,
Was Haltung, Schönheit, Witz und Mut betrifft.

HERO: Ja; er hat einen mehr als guten Namen…

URSULA:… und ihn verdient, noch ehe er ihn hatte! –
Wann macht Ihr Hochzeit, Fräulein?

HERO: Allemal morgen! Komm mit mir ins Haus.

Ich zeig dir Kleider, und du rate mir,
Welches für morgen mich am besten kleidet? *Sie gehen*

URSULA: Das klebt wie Vogelleim! Wir haben sie!

HERO: Wenn ja, so kann aus Zufall Lieb entspringen.
Cupido braucht dann außer Pfeilen – Schlingen!

Hero und Ursula ab

BEATRICE *(tritt vor)*:
Welch Feuer brennt mein Ohr?! Ists wahr? Bin ich
Verdammt, ich sei nur Stolz und Spott und Hohn?
Leb wohl, Verachtung! Sprödigkeit, ade!
In eurem Dienst blüht weder Ruhm noch Lohn. –
Lieb, Benedikt! Erwidrung soll nicht fehlen:
Mein wildes Herz in deine milde Hand.
Liebst du mich, soll dir meine Lieb' empfehlen
Uns zu vereinen, in ein heilig Band.
Denn andre sagen, du bists wert; und ich
Glaub, was ich so erlauscht hab, sicherlich! *Ab*

2. Szene

Leonatos Haus. Don Pedro, Benedikt und Leonato treten auf

DON PEDRO: Ich bleibe nur noch, bis Eure Hochzeit vollzogen ist, und dann gehe ich nach Arragon.

CLAUDIO: Und ich begleit Euch, gnädiger Herr, wenn Ihrs mir gestattet.

DON PEDRO: Nein; das wär ein so großmächtiger Fleck auf dem frischen Glanz Eurer Ehe, als zeigte man einem Jungen seinen neuen Rock und verböte ihm dann, ihn zu tragen. Ich will mir nur Benedikts Gesellschaft ausbitten, denn der ist eitel Fröhlichkeit vom Scheitel bis zur Sohle. Er hat dem Cupido zwei- oder dreimal die Bogensehne abgeschnitten, und der kleine Henker traut sich nicht, auf ihn zu schießen. Sein Herz ist so unbeschädigt wie eine Glocke! Und seine Zunge ist der Klöppel, denn was sein Herz denkt, das spricht seine Zunge.

BENEDIKT: Ihr Herren, ich bin nicht mehr, was ich war.

LEONATO: Das sag ich auch: Mir kommt vor, Ihr seid ernsthafter.

CLAUDIO: Ich hoff, er ist verliebt.

Don Pedro: Wollt ihr ihn wegen Wortbruchs hängen? Wahrhaftig, der hat keinen einzigen Blutstropfen im Leibe, der wirklich von der Liebe berührt wäre! Wenn er ernsthaft ist, dann braucht er Geld.

Benedikt: Mich schmerzt ein Zahn.

Don Pedro: Reiß ihn!

Benedikt: Häng ihn an einen Faden!

Claudio: Zuerst hängen und *dann* in Stücke zerreißen!

Don Pedro: Was? Wegen *Zahnweh* seufzt ihr!?

Leonato: Das ist doch nur gestockte Flüssigkeit oder ein Wurm!

Benedikt: Nun ja, mit einem Schmerz kann jeder fertig werden, bis auf den, der ihn hat.

Claudio: Und ich sag immer noch, er ist verliebt!

Don Pedro: Es ist keine Spur von solchen Faxen an ihm, außer wenns Faxen sind, daß er sich so seltsam verkleidet. Heut ist er ein Holländer und morgen ein Franzose, oder er hat gar die Gestalt von zwei Ländern zugleich: ein Deutscher vom Gürtel abwärts: nichts als Pluderhosen; und ein Spanier vom Gürtel aufwärts: nichts als Mantel! Bis auf diese Faxen, die er da zu machen scheint, ist *er* kein Narr, der Faxen macht; auch wenn ihrs so darstellt, als wär ers.

Claudio: Wenn er nicht in irgendein Frauenzimmer verliebt ist, dann glaub ich an keine alte Wetterregel mehr! Er bürstet jeden Morgen seinen Hut! Was soll das bedeuten?

Don Pedro: Hat ihn jemand beim Barbier gesehen?

Claudio: Nein, aber man hat des Barbiers Burschen bei ihm gesehen, und was früher seine Wangen zierte, das dient bereits dazu, Tennisbälle auszustopfen.

Leonato: Wirklich, er sieht um einen ganzen Bart jünger aus als zuvor.

Don Pedro: Na und er reibt sich mit Zibet ein! Könnt ihr ihn jetzt wohl riechen!

Claudio: Mit einem Wort, es ist ruchbar geworden: Der holde Knabe ist verliebt!

Don Pedro: Am deutlichsten merkt mans an seiner Traurigkeit.

Claudio: Und wann pflegte er je sein Gesicht einzuseifen?

Don Pedro: Ja, oder sich zu schminken? – Denn ich höre, was man darüber von ihm erzählt.

Claudio: Ach, sein munterer Sinn! Der ist jetzt in eine Lautensaite gekrochen und wird von Dämpfern beherrscht!

DON PEDRO: Nein, das sind lauter schwerwiegende Geschichten! Mit einem Wort, er ist verliebt.

CLAUDIO: Und *ich* weiß auch, wer *ihn* liebt.

DON PEDRO: Das möcht ich auch wissen! Ich wette, eine, die ihn nicht kennt.

CLAUDIO: Ja, und seine schlechten Eigenschaften; und die trotzdem unter dieser Liebe dahinstirbt.

DON PEDRO: Unter dieser Liebe? Da soll sie mit dem Gesicht nach oben begraben werden!

BENEDIKT: Aber das alles zaubert das Zahnweh nicht weg. Alter Herr, kommt ein wenig beiseite mit mir. Ich habe mir acht oder neun weise Worte überlegt, die ich Euch sagen möchte und die die Steckenpferde da nicht zu hören brauchen.

Benedikt und Leonato gehen ab

DON PEDRO: So wahr ich lebe, er bittet ihn um Beatrices Hand!

CLAUDIO: Stimmt! Hero und Margareta haben mittlerweile auch vor Beatrice ihr Teil getan; na, dann werden die zwei Bären sich nicht beißen, wenn sie zusammenkommen. *Don Juan tritt auf*

DON JUAN: Mein Herr und Bruder, Gott grüße Euch!

DON PEDRO: Guten Abend, Bruder.

DON JUAN: Wenn Ihr Zeit habt, würde ich Euch gerne sprechen.

DON PEDRO: Allein?

DON JUAN: Wenns Euch beliebt. Doch Graf Claudio kanns hören, denn was ich sagen möchte, betrifft ihn.

DON PEDRO: Was ist es denn?

DON JUAN *(zu Claudio)*: Wollt Ihr morgen getraut werden?

DON PEDRO: Ihr wißt, er wills.

DON JUAN: *Ich* weiß das *nicht*: Wenn *er* weiß, was *ich* weiß.

CLAUDIO: Wenn es irgendein Hindernis gibt, so bitt ich Euch, sagt es.

DON JUAN: Ihr denkt vielleicht, ich lieb Euch nicht, aber das mag sich hernach zeigen, und dann werdet ihr mich besser beurteilen, nach dem, was ich Euch nun sagen will. Denn mein Bruder, (ich glaube, er hält viel von Euch und hats aus Herzensfreundschaft getan) mein Bruder hat Euch dazu verholfen, diese Heirat anzubahnen – doch das ist sicherlich ein schlechter Dienst und eine schlecht angewandte Müh.

DON PEDRO: Warum? Was ist denn?

DON JUAN: Ich kam her, um Euch zu sagen... Nun, um die Sache kurz zu machen, denn das Gerede davon währt schon zu lange: Das Fräulein ist untreu.

CLAUDIO: Wer? Hero?

DON JUAN: Ja, sie: Leonatos Hero, Eure Hero, jedermanns Hero.

CLAUDIO: Untreu?

DON JUAN: Das Wort ist zu gut, um ihre Verderbtheit zu schildern. Ich könnte sie was Schlechteres nennen. Denkt *Ihr* Euch einen schlechteren Namen aus, und ich zeig Euch, er paßt. Staunt nicht, eh Ihr weitere Beweise habt. Kommt nur heut nacht mit mir, und Ihr sollt sehen, daß einer ins Fenster ihrer Kammer steigt: selbst in der Nacht vor ihrem Hochzeitstag! Liebt Ihr sie dann noch, dann heiratet sie morgen. Aber Eurer Ehre stünd es besser an, wenn Ihr Euren Sinn ändern wolltet.

CLAUDIO: Könnte das wirklich sein?!

DON PEDRO: Ich wills nicht denken!

DON JUAN: Wenn Ihr nicht wagt, Euren Augen zu trauen, dann gesteht Euch auch nicht, was Ihr wißt! Wenn Ihr mir folgen wollt, will ich Euch genug zeigen; und habt Ihr erst mehr gesehen und gehört, so verfahrt dementsprechend.

CLAUDIO: Wenn ich heut nacht etwas sehe, was Grund ist, daß ich sie nicht morgen heiraten soll, dann will ich sie vor der Gemeinde, wo ich getraut werden sollte, beschämen.

DON PEDRO: Und da ich sie für dich geworben hab, so will ich mich nun auch mit dir zusammentun, um ihre Schande offenbar zu machen.

DON JUAN: Ich will nichts weiter gegen sie sagen, bis ihr meine Zeugen wart. Tragt es nur kalten Bluts bis Mitternacht, dann solls der Ausgang zeigen.

DON PEDRO: O Tag, gewandt zum Schlechten!

CLAUDIO: O Unglück, seltsam lastend!

DON JUAN: O Pest, zum Glück verhütet! – *Das* werdet ihr sagen, wenn ihr das Weitere gesehen habt. *Alle ab*

3. Szene

Eine Straße. Hundsbeer und Konstabler Saumseel mit Wächtern

HUNDSBEER: Seid ihr brave Männer, und treu?

SAUMSEEL: Ja! Denn sonst wärs ein Jammer, wenn sie nicht die ewige Erbarmnis erlitten, und zwar an Leib und Seel!

HUNDSBEER: Nein, so eine Strafe wär noch zu gut für sie, wenn sie irgendeine Loyalität begingen! Wo sie doch zu des Prinzen Wache auserkoren sind!

SAUMSEEL: Gut, gebt ihnen ihre Ordres, Nachbar Hundsbeer!

HUNDSBEER: Erstens, wer glaubt ihr, ist wohl der improperste Mann, um Konstabler zu sein?

ERSTER WÄCHTER: Hugo Haberkuchen, Herr! Oder Georg Schiffskohle! Denn die können schreiben und lesen auch!

HUNDSBEER: Dann kommt her, Nachbar Schiffskohle! Gott hat Euch mit einem guten Namen gesegnet. Ein gutaussehender Mann zu sein, das ist ein Glücksgeschenk, aber Schreiben und Lesen, das kommt von Natur.

ZWEITER WÄCHTER: Welches beides, Herr Konstabler…

HUNDSBEER:… Ihr besitzet; ich wußte, so würdet Ihr antworten! Nun, was Euer gutes Aussehen betrifft, Herr? Nun, da dankt dem Herrgott, und brüstet Euch nicht damit; und Euer Schreiben und Lesen, das bringt bitte nur zum Vorschein, wenn solche Eitelkeit nicht vonnöten ist! Man hält Euch hier für einen Mann, der ganz besonders unsensibel und fähig dazu ist, Konstabler von der Wache zu sein. Deshalb: tragt Ihr da die Laterne! Dies ist Euer Amt: Ihr sollt alle Herumstreifer begreifen, ich meine, arrivieren. Und Ihr sollt allen Leuten zurufen: Halt! Im Namen des Prinzen!

ZWEITER WÄCHTER: Aber wenn einer nicht halten will?

HUNDSBEER: Nun, dann nehmt gar keine Notiz nicht von ihm, sondern laßt ihn laufen und ruft sogleich alle anderen Wachen zusammen und dankt dem Herrgott, daß Ihr einen Spitzbuben los seid!

SAUMSEEL: Wenn er nicht stehenbleiben will, wo Ihr doch Halt ruft, so ist er keiner von des Prinzen Untertanen.

HUNDSBEER: Ein wahres Wort! Und die sollen sich um keinen Menschen kümmern, außer um des Prinzen Untertanen. – Ihr sollt auch keinen Lärm in den Straßen machen, denn auf Posten Schwatzen und Plappern, das ist höchst tolerabel: *das kann nicht geduldet werden.*

ZWEITER WÄCHTER: Wir wollen lieber schlafen als reden. Wir wissen doch, was sich für Wachen gehört!

HUNDSBEER: Gut! Ihr redet wie ein uralter Wachmann, wenn nicht aufgeklärt, dann abgeklärt! Ja, auch ich weiß nicht, was im Schlaf für Schaden gestiftet werden könnt. Nur, seid wachsam, daß man Euch nicht Eure Piken stiehlt. Ferner sollt Ihr allen Schenken zusprechen und denen, die dort betrunken sind, sollt Ihr sagen: Geht zu Bett!

ZWEITER WÄCHTER: Aber wenn sie nicht wollen?

HUNDSBEER: Nun, dann laßt sie in Ruhe, bis sie nüchtern sind. Wenn sie dann keine bessere Antwort geben, dann könnt Ihr sagen, sie seien nicht die Leute, für die Ihr sie gehalten habt.

ZWEITER WÄCHTER: Sehr wohl, Herr.

HUNDSBEER: Wenn Ihr einen Dieb trefft, den dürft Ihr verdächtigen, daß er kein ehrlicher Mann sei, und zwar kraft Eures Amtes. Und was derlei Leut' betrifft: je weniger Ihr Euch mit ihnen einlaßt oder mit ihnen abgebt, desto mehr kommt dabei für Eure Ehrlichkeit heraus.

ZWEITER WÄCHTER: Wenn wir ihn kennen, daß er ein Dieb ist, sollen wir da nicht Hand an ihn legen?

HUNDSBEER: Fürwahr, kraft Eures Amtes könnt Ihr das; aber ich finde, wer Pech berührt, besudelt sich; der friedlichste Weg, den Ihr einschlagen könnt, wenn Ihr einen Dieb festnehmt, ist, Ihr laßt ihn sich als das erweisen, was er ist, indem er sich aus Eurer Gesellschaft davonstiehlt.

SAUMSEEL: Euch hat man schon immer einen von ganzem Herzen *erbärmlichen* und weichen Mann genannt, Kamerad Hundsbeer!

HUNDSBEER: Das ist wahr! Wenns nach mir ging, möcht ich keinen Hund hängen, und noch viel mehr einen Mann, solang der nur noch einen Tropfen Ehrlichkeit im Leib hat!

SAUMSEEL: Wenn Ihr ein Kind in der Nacht schreien hört, so müßt Ihr die Amme rufen und Ihr sagen, sie soll es stillen.

ZWEITER WÄCHTER: Wie, wenn die Amme schläft und uns nicht hört?

HUNDSBEER: Nun, in dem Fall, da geht in Frieden dahin, und soll das Kind sie selbst aufwecken mit seinem Schreien. Denn das Mutterschaf, das sein Lamm nicht hört, wenn es Bäh macht, wird keinem Kalb antworten, wenn es blökt.

Saumseel: Sehr wahr.

Hundsbeer: Dies ist das Ende der Ordres: Ihr, Konstabler, sollt des Prinzen eigene Person präsentieren! Wenn Ihr dem Prinzen in der Nacht begegnet, dann könnt Ihr ihn stehen heißen.

Saumseel: Nein, bei unserer lieben Frau! Er kann das nicht!

Hundsbeer: Fünf Schilling gegen einen, mit jedem Mann, der die Statuten kennt! Er darf ihn stehen heißen. Du lieber Himmel, natürlich nicht, wenns nicht des Prinzen *Wille* ist, denn in der Tat, die Wache soll niemanden beleidigen, und es ist eine Beleidigung, einen Mann gegen seinen Willen stehen zu heißen.

Saumseel: Bei unserer lieben Frau, das find ich auch!

Hundsbeer: Aha! Nun, Meisters, gute Nacht! Und falls irgend etwas Wichtiges vorfällt, so ruft mich. Beratet euch mit eurem eigenen Verstand und dem eurer Kameraden, und nun gut Nacht. Kommt, Nachbar!

Zweiter Wächter: Nun, Meisters, wir haben unsere *Ordres* gehört. Nun wollen wir gehen und uns bis zwei Uhr auf die Kirchenbank setzen, und dann alle ins Bett.

Hundsbeer: Ein Wort noch, ehrliche Nachbarn! Ich bitt euch, habt Acht auf Signor Leonatos Tür; denn da morgen dort die Hochzeit ist, gibts einen großen Spektakel dort heut nacht. Adieu, seid wachbar! Ich fleh euch an! *Hundsbeer und Saumseel ab.*

Borachio kommt mit Conrado

Borachio: He, Conrado! –

Zweiter Wächter *(leise zu den Wachen)*: Still, rührt euch nicht!

Borachio: Conrado, sag ich!

Conrado: Hier, Mann! Ich kleb ja so an deinem Ellenbogen.

Borachio: Heilige Messe – und mein Ellenbogen hat mich gejuckt! – ich hab mir gleich gedacht, da wird noch Grind dran kleben.

Conrado: Die Antwort darauf bleib ich dir noch schuldig! Jetzt weiter mit deiner Geschichte.

Borachio: Dann stell dich dicht neben mich hier unters Regendach, denn es nieselt und sprüht, und ich will dir alles sagen, denn die Wahrheit liegt im Wein!

Wächter *(leise)*: Ich wittere Verrat, Meisters; bleibt noch alle beisammen stehen.

Borachio: Drum sollst du wissen: ich habe mir bei Don Juan tausend Dukaten verdient!

CONRADO: Ists möglich, daß irgendein Schurkenstreich so teuer sein kann?

BORACHIO: Du solltest lieber fragen, ob irgendein Schurke so reich sein kann; denn wenn reiche Schurken arme Schurken brauchen, dann dürfen die Armen verlangen, was sie nur wollen!

CONRADO: Das wundert mich.

BORACHIO: Das zeigt, daß du ein Neuling bist! Du weißt, daß die Mode von einem Wams oder einem Hut oder einem Mantel für einen Mann gar nichts ist.

CONRADO: Doch, ja: es ist, was man trägt.

BORACHIO: Ich meine die Mode.

CONRADO: Ja, die Mode ist die Mode.

BORACHIO: Pah, ich könnt grad so gut sagen, der Narr ist der Narr. Aber siehst du nicht, was für ein häßlicher Dieb diese Mode da ist?

ZWEITER WÄCHTER: Den Häßlichen da kenn ich! Der ist ein ganz gemeiner Dieb, schon seit sieben Jahren, und geht herum wie ein Herr von Stand. Ich weiß auch seinen Namen.

BORACHIO: Hast du niemand gehört?

CONRADO: Nein, das war die Wetterfahne auf dem Haus.

BORACHIO: Siehst du nicht, sag ich, was für ein häßlicher Dieb diese Mode ist? Wie sie all dem heißen jungen Blut zwischen vierzehn und fünfunddreißig die Köpfe verdreht. Manchmal verkleiden sie sich wie Pharaos Soldaten auf dem verrauchten Bild, manchmal wie die Priester des Bel auf dem alten Kirchenfenster, und manchmal wie der kahlgeschorene Herkules auf der schmierigen wurmstichigen Tapete, wo sein Hosenlatz grad so groß und dick ist wie seine Keule.

CONRADO: Das alles seh ich, und ich seh auch, daß die Mode mehr Kleider verbraucht als der Mann selber; aber hat dir die Mode nicht auch den Kopf verdreht, daß du doch aufgehört hast, mir deine Geschichte weiter zu erzählen und statt dessen auf die Mode gekommen bist?

BORACHIO: Nein, das nicht! Du mußt nämlich wissen, ich hab heut abend Margareta schöngetan, dem Fräulein Hero ihrer Kammerjungfer; aber ich hab sie Hero genannt! Sie neigt sich mir da doch richtig heraus, zu ihrer Herrin Schlafkammerfenster, und wünscht mir tausendmal schön gute Nacht. – Ach, ich erzähl dir das ja schlecht! – Ich hätt dir erst erzählen sollen, wie der Prinz und Claudio und mein Herr allesamt, dorthin geführt und versteckt und an der Nase herumgeführt von meinem Herrn, Don Juan, von weitem im Garten dieses zärtliche Stelldichein mitangesehen haben.

CONRADO: Und gedacht haben, daß Margareta Hero war?

BORACHIO: Zwei von ihnen habens gedacht, der Prinz und Claudio. Aber der Teufel, mein Herr, der wußte, sie war Margareta. – Und zum Teil wars durch seine Schwüre, mit denen er schon von Anfang an Besitz von ihnen ergriffen hatte; zum Teil durch die Dunkelheit der Nacht, die sie täuschte; aber hauptsächlich durch meine eigene Spitzbüberei, mit der ich alle Verleumdungen bestätigt habe, die Don Juan ihnen eingeblasen hat, daß Claudio wütend davonging. Er schwur, er werde morgen, wie verabredet, in der Kirche sein und ihr dort vor der ganzen Gemeinde Schimpf antun mit dem, was er in der Nacht gesehen hat, und sie dann ohne Ehgemahl wieder nach Hause schicken.

ZWEITER WÄCHTER: Wir befehlen Euch im Namen des Prinzen, bleibt stehn!

ERSTER WÄCHTER: Weck unsern guten Herrn Konstabler! Wir haben hier das gefährlichste Stück Unzucht standfest gemacht, das je im ganzen Land erhört worden ist!

ZWEITER WÄCHTER: Und einer von ihnen ist ein Häßlicher, den kenn ich! Er trägt eine dicke Liebeslocke hinterm Ohr!

CONRADO: Ihr Herren!...

ERSTER WÄCHTER: Ja, er hats faustdick hinter den Ohren! Man wird Euch schon noch dazu bringen, daß Ihr gegen den Häßlichen zeugt, dafür bürg ich Euch!

CONRADO: Ihr Herren!

ZWEITER WÄCHTER: Kein Wort! Das befehlen wir Euch! Laßt uns Euch gehorchen, mit uns zu gehen, zur Befragung!

BORACHIO: Wir würden wohl richtig würdig aussehen, wenn uns diese Männer auf ihre Piken nähmen!

CONRADO: Ja, richtig fragwürdig! Eine pikante Sache! – Kommt, wir gehorchen euch.

Die Wächter führen sie ab

4. Szene

Zimmer in Leonatos Haus.
Hero, Margareta und Ursula treten auf

HERO: Liebe Ursula, weck meine Kusine Beatrice und bitte sie aufzustehen.

URSULA: Sogleich, mein Fräulein.

HERO: Und sag ihr, sie soll herkommen.

URSULA: Sehr wohl. *Ab*

MARGARETA: Meiner Treu, ich glaub, Eure andere Halskrause wär besser!

HERO: Nein, wirklich, liebes Gretchen, ich trag lieber diese.

MARGARETA: Nein, meiner Treu, sie ist nicht so gut; und ich bürg Euch dafür, Euer Fräulein Kusine wird das auch sagen.

HERO: Meine Kusine ist eine Närrin und du bist die zweite. Ich trag keine als die.

MARGARETA: Die neue Frisur gefällt mir ausgezeichnet, wenn nur das Haar einen Gedanken brauner wäre. Und Euer Kleid! Auf Ehre und Gewissen, das hat wirklich den schönsten Schnitt! Ich hab der Herzogin von Mailand ihr Kleid gesehen, das alle so loben –

HERO: Ah, das stellt alles in den Schatten, sagt man.

MARGARETA: Meiner Treu, es ist nur ein Nachthemd gegen Eures! Es ist ein Goldstoff, und die Einschnitte sind mit Silber unterlegt, und es ist mit Perlen besetzt an den Unterärmeln und Schleppärmeln, und die Säume rundherum sind mit bläulichem Brokat unterlegt, aber was den schönen, gefälligen Schnitt betrifft, so ist Eurer zehnmal besser!

HERO: Gott gebs, daß ichs mit Freuden trage, denn das Herz ist mir furchtbar schwer.

MARGARETA: Es wird bald noch schwerer werden: um das Gewicht eines Mannes.

HERO: Pfui über dich! Schämst du dich gar nicht?

MARGARETA: Wofür, Fräulein? Daß ich von so einem Ding in Ehren rede? Ist nicht das Heiraten selbst bei einem Bettler ein ehrenwertes Ding? Ist Euer Herr nicht auch schon ohne Heirat ehrenwert? Halten zu Gnaden, ich hätte vorhin sagen sollen, um das Gewicht eines *Ehemannes*! Wenn nicht schlechte Gedanken gute Worte verdrehen würden – ich wollt niemand beleidigen! – Ist da wohl was Unrechtes dran, wenn man sagt »schwerer um das Gewicht eines Ehemanns«? Gar nichts Unrechtes, solang es der *rechte* Ehemann ist, und die *rechte* Frau; sonst freilich wär das nur allzu leicht und gar nicht schwer. – Fragt nur das Fräulein Beatrice! – Da kommt sie schon. *Beatrice tritt auf*

HERO: Guten Morgen, Kusine.

BEATRICE: Guten Morgen, liebe Hero.

HERO: Wie gehts? Du sprichst in einem Ton, als wärst du krank?

BEATRICE: Ich fürchte, ich treffe sonst keinen Ton mehr.

MARGARETA: Singt doch eins! Singt »Leichte Liebe«, das geht leicht und ohne Chor. – Singt *Ihr* es, und ich *tanz* es!

BEATRICE: Ja ja, leichte Liebe, mit Euren Versen! – Und wenn Euer Mann Füchse genug im Stall hat, dann wollt Ihr dazu sehen, daß er auch Füllen in Hülle und Fülle hat.

MARGARETA: Ihr sprecht sehr unverhüllt! Doch mein Protest folgt auf den Fersen!

BEATRICE: 's ist gleich fünf Uhr, Kusine. Zeit, daß du fertig wärst. Wirklich, mir ist ganz elend – Ach Gott!

MARGARETA: Wonach seufzt Ihr! Seufzt Ihr nach Eurem Windspiel, nach Eurem Wallachenhengst oder nach Werweißwem?

BEATRICE: Ich seufz um des Buchstaben willen, mit dem alle drei anfangen: Weh!

MARGARETA: Nun, wenn *Ihr* nicht von Eurem alten Glauben abgefallen seid, so darf man nicht mehr nach den Sternen segeln!

BEATRICE: Was meint die Närrin damit?

MARGARETA: Ich? Ach, gar nichts. Bloß: Gott gebe jedem, was das Herz begehrt.

HERO: Diese Handschuhe, die der Graf mir schickte, die sind herrlich parfümiert!

BEATRICE: Ich kann schlecht riechen, Kusine: Ich bin ganz verstopft.

MARGARETA: Eine Jungfrau und ganz verstopft! Schön! So eine Erkältung fängt man so leicht!

BEATRICE: O, Gott schütze mich! Gott schütze mich! Seit wann habt *Ihr* Euch aufs Witzereißen verlegt?

MARGARETA: Seit Ihrs abgelegt habt. Steht mir mein Witz nicht gut?

BEATRICE: Man sieht ihn nicht deutlich genug. Ihr solltet ihn Euch an den Hut stecken! Meiner Treu, ich bin krank!

MARGARETA: Ihr solltet Euch etwas von diesem Kardobenediktsaft holen lassen und Euch aufs Herz legen. Das ist das beste Mittel, wenn einem eng ums Herz ist.

Hero: Da stichst du sie mit einer Distel!

Beatrice: Benedikt? Warum Benedikt? Ihr habt irgendeine Moral in dieser Benediktgeschichte?!

Margareta: Moral? Nein, meiner Treu, *ich* hab überhaupt keine Moral! Ich mein einfach Carduus Benedictus, die ganz gemeine Heildistel. Glaubt Ihr vielleicht, daß ich glaube, Ihr seid verliebt? Nein – bei unsrer lieben Frau, ich bin doch nicht so eine Närrin, daß ich glaub, was ich will; oder daß ich will, was ich glaub; oder was ich glauben kann – oder was ich gar nicht *glauben* kann: denn sonst würde ich mein Herz aus allem Glauben herausglauben, daß Ihr verliebt seid oder daß Ihr verliebt sein werdet, oder daß Ihr verliebt sein könnt! – Bloß: Benedikt war *auch* so einer, und was für ein Mann ist doch jetzt aus ihm geworden! Er hat geschworen, er würde nie heiraten, und jetzt trägt er sein Schicksal doch, wies ihm auch ums Herz sein mag – und da weiß ich nicht, ob nicht Ihr Euch vielleicht auch noch bekehren werdet. Ich glaub, Ihr seht genauso aus den Augen, wies andere Frauenzimmer tun.

Beatrice: Was ist das für ein Gang, den deine Zunge nimmt?

Margareta: Gewiß kein falscher Galopp! *Ursula kommt zurück*

Ursula: Madame, zieht Euch zurück! Der Prinz, der Graf, Signor Benedikt, Don Juan und all die jungen Herren der Stadt sind da, um Euch zur Kirche zu führen.

Hero: Helft mir, mich anziehn, liebe Kusine, liebes Gretchen, liebe Ursula! *Alle ab*

5. Szene

Ein anderes Zimmer in Leonatos Haus. Leonato, Hundsbeer und Saumseel treten auf

Leonato: Was wollt Ihr von mir, lieber Gevatter?

Hundsbeer: Ei ja doch, gnädiger Herr, ich würde gern eine Konfidenz mit Euch halten, in einer Sache, die Euch taxiert.

Leonato: Nur kurz, bitte, Ihr seht ja, ich hab wenig Zeit.

Hundsbeer: Ei ja doch, gnädiger Herr, das habt Ihr wirklich!

Saumseel: Ja wahrhaftig, das habt Ihr, gnädiger Herr!

Leonato: Was ists denn, gute Freunde?

Hundsbeer: Der gute Saumseel, gnädiger Herr, der bleibt nicht ganz bei der Sache – ein alter Mann, gnädiger Herr, und sein Verstand ist nicht mehr so stumpf, wie ichs ihm, so wahr der Herrgott mir helfen mag, wünschen würde; aber, das könnt Ihr mir glauben, er ist eine grundehrliche Haut.

SAUMSEEL: Ja, da dank ich dem lieben Herrgott dafür, ich bin so ehrlich wie nur irgendein Mann auf Erden, nämlich, wenns ein alter Mann ist und nicht ehrlicher als ich.

HUNDSBEER: Vergleiche sind odoriös! *Palabras*, Gevatter Saumseel!

LEONATO: Gevattern, euer Tempo macht mich nervös.

HUNDSBEER: Ja, wenn das Euer Gnaden zu sagen belieben, aber wir sind dem armen Herzog seine Gerichtsdiener; aber wahrhaftig: ich für mein Teil, sogar wenn ich ein so nervöses Tempo hätte wie ein König, wollt es von Herzen gern ganz und gar Euer Gnaden zugutekommen lassen.

LEONATO: All dein nervöses Tempo mir? Ja?

HUNDSBEER: Freilich und wenns noch tausend Pfund mehr wären als das; denn ich höre, Euer Gnaden wird so gut verrufen wie nur irgendein Mann in der Stadt. Und wenn ich auch nur ein armer Mann bin, so bin ich doch froh, es zu hören.

SAUMSEEL: Und ich auch.

LEONATO: Nun wüßt ich doch gern, was ihr zu sagen habt?

SAUMSEEL: Ei ja doch, gnädiger Herr, unsere Wache hat in der Nacht ein Paar Schurken aufgegriffen, wie man schlauere – wenn ich von Euer Gnaden Gegenwart absehe – in ganz Messina keine finden kann.

HUNDSBEER: Ein guter alter Mann, gnädiger Herr! Er kommt immer vom Hundertsten ins Tausendste. Drum heißts ja auch: »Kommts Alter, so geht der Verstand.« Der liebe Gott steh uns bei! Das ist schon eine Welt zum Augenmachen! – Also, ein gutes Wort, meiner Treu, Gevatter Saumseel! Nun ja, der liebe Gott ist ein guter Mann, und wenn zwei auf einem Pferd sitzen, dann muß einer hinten reiten. Also: Eine ehrliche Haut, Herr, meiner Treu! Eine gute Seele, so anständig wie nur je einer, der Brot ißt! Aber, Ehre sei Gott in der Höh, die Menschen sind nicht alle gleich; traurig für meinen braven Gevatter.

LEONATO: Wirklich, Gevatter, an Euch reicht er nicht heran!

HUNDSBEER: Die Gaben kommen vom Herrgott!

LEONATO: Ich muß euch verlassen.

HUNDSBEER: Ein Wort nur, gnädiger Herr. Unsere Wache, gnädiger

Herr, hat tatsächlich zwei höchst prospekte Personen arriviert. Und wir wollten sie heut morgen vor Euer Gnaden verhören lassen.

LEONATO: Verhört sie selbst und bringt mir das Protokoll. Ich bin jetzt in großer Eile, wie ihr vielleicht sehen könnt.

HUNDSBEER: Es soll justifizierlich erledigt werden.

LEONATO: Laßt euch ein Glas Wein geben, eh' ihr geht. Lebt wohl!

Bedienter tritt auf

BEDIENTER: Gnädiger Herr, man wartet auf Euch, daß Ihr Euer Fräulein Tochter zur Trauung führt.

LEONATO: Ich stehe gleich zu Diensten, ich bin fertig.

Leonato und der Bediente gehen ab

HUNDSBEER: Geht, lieber Nachbar, geht und sucht den Franz Schiffskohle auf: sagt ihm, er soll seine Feder und sein Tintenfaß mit ins Gefängnis bringen. Denn wir sollen uns jetzt an diesen Leuten sogleich verhören.

SAUMSEEL: Ja, und wir müssens verständig anfangen.

HUNDSBEER: Ah, den Verstand! Den wollen wir bei der Gelegenheit nicht schonen! Dafür bürg ich Euch! Was ich da drin hab *(tippt sich an die Stirn)*, das soll den einen oder anderen von ihnen aus dem Häuschen bringen! Nur holt den gelehrten Schreiber, denn der kann unsere Exkommunikation zu Papier bringen. Und dann trefft mich im Gefängnis. *Beide ab*

Vierter Akt

1. Szene

Eine Kirche. Don Pedro, Don Juan, Leonato, Pater Franziskus, Claudio, Benedikt, Hero, Beatrice und Gefolge

LEONATO: Kommt, Pater Franziskus, macht es kurz. Nur was zur eigentlichen Trauung gehört. Ihre besonderen Pflichten erklärt ihnen nachher.

PATER: Ihr seid hier, mein Herr, Euch diesem Fräulein zu vermählen?

CLAUDIO: Nein.

LEONATO: Mit ihr vermählt zu *werden. Ihr*, Pater, seid gekommen, um sie zu vermählen.

PATER: Fräulein, Ihr seid hier, um mit dem Herrn Grafen vermählt zu werden?

HERO: Ja.

PATER: Wofern einer von euch von irgendeinem inneren Hindernis weiß, weswegen ihr nicht zusammengetan werden dürft, so fordere ich euch bei eurem Seelenheil auf, es kundzutun.

CLAUDIO: Wißt *Ihr* eins, Hero?

HERO: Keins, mein Herr.

PATER: Wißt *Ihr* eins, Graf?

LEONATO: Ich wage, für ihn zu antworten: Keines.

CLAUDIO: O, was Menschen nicht alles zu tun wagen! Was Menschen alles tun! Was Menschen täglich tun, und wissen nicht, was sie tun!

BENEDIKT: Was? Interjektionen? Aha: »Einige werden beim Lachen angewendet, wie etwa ah! ha! hehe!«

CLAUDIO: Pater, macht Platz. – Herr Vater, mit Verlaub:
Wollt Ihr aus freien Stücken,
Mir diese Jungfrau, Eure Tochter, geben?

LEONATO: So frei, mein Sohn, wie Gott, der Herr, sie mir gab.

CLAUDIO: Und was hab ich zurückzugeben, das
An Wert solch reiche, kostbare Gabe aufwiegt?

DON PEDRO: Nichts, wenn Ihr nicht sie selber wiedergebt!

CLAUDIO: Mein Prinz, Ihr lehrt mich edle Dankbarkeit! –
Da, Leonato! Nehmt sie Euch nur wieder!
Gebt diese faule Frucht nicht Eurem Freund.
Sie ist nur Maske, Trugbild ihrer Ehre.
Seht, wie sie rot wird, einem Mädchen gleich!
Mit welcher Würde, welchem Schein der Wahrheit
Doch schlaue Sünde sich verhüllen kann!
Steigt nicht dies Blut, das sie erröten macht,
Als Zeuge ihrer Tugend? Würdet ihr
Nicht alle schwören, sie sei eine Jungfrau
Nach diesem äußeren Schein? – Doch sie ist keine!
Sie kennt die heiße Brunst des Wollustbettes,
Und wird sie rot, so ist es Schuld, nicht Tugend!

LEONATO: Was wollt Ihr Herr?

CLAUDIO: Nicht ihr vermählt sein, nicht mich
Verknüpfen hier mit einer schlechten Dirne!

LEONATO: Mein werter Herr, falls Ihr sie selbst verführt habt

Und ihrer Jugend Widerstand besiegtet
Und ihre Jungfernschaft…
CLAUDIO: Ah, Ihr wollt sagen, falls ich sie erkannte,
So wärs, als hätt sie mich umarmt als Gatten
Und die vorschnelle Sünde so gemildert. –
Nein, Leonato!
Ich hab sie nie versucht mit großen Worten;
Nur wie ein Bruder seiner Schwester zeigt ich
Verschämte Neigung ihr und ehrerbietige Liebe.
HERO: Und schien denn *ich* Euch je von andrer Art?
CLAUDIO: Fluch deinem *Schein*! Ich schreib es schwarz auf weiß:
Du *scheinst* mir so wie Diana auf der Mondbahn,
Keusch wie die Knospe, ehe sie erblüht ist;
Aber du *bist* von zügellosrem Blut
Als Venus oder jene üppigen Tiere,
Die wild und rasend sind vor Sinnenbrunst!
HERO: Mein Herr, ist Euch nicht wohl, daß Ihr so redet?
LEONATO: Sagt Ihr nichts, teurer Prinz?
DON PEDRO: Was sollt ich sagen?
Ich stehe entehrt, denn ich sucht' zu verknüpfen
Den teuren Freund mit einer schlechten Dirne.
LEONATO: *Sagt* man das alles, oder träum ich nur!?
DON JUAN: Man sagt es, Herr, und alles das ist wahr.
BENEDIKT: Nach Hochzeit sieht das nicht aus.
HERO: *Wahr!* O Gott!
CLAUDIO: Leonato, steh ich hier?
Ist dies der Prinz? Ist dies des Prinzen Bruder?
Ist dies Gesicht hier Hero? Sind dies unsre Augen?
LEONATO: Das alles ist so; doch was solls, mein Herr?
CLAUDIO: Laßt mich nur Eure Tochter eines fragen,
Und bei dem Recht, das Ihr als Vater habt
An ihr, heißt sie mir drauf die Wahrheit sagen!
LEONATO: Ich trag dirs auf, so wahr du noch mein Kind bist.
HERO: O, helf mir Gott, wie alles auf mich losgeht!
Wie werde ich denn hier katechisiert?
CLAUDIO: Daß Ihr die Wahrheit sagt, auf Euren Namen!
HERO: Ist der nicht Hero? Wer könnt diesen Namen
Mit wahrem Vorwurf schmähn?

Claudio: *Ihr* könnt es, Hero!
Ja: Hero selbst vernichtet Heros Ruf. –
Wer war der Mann, der mit Euch gestern nacht sprach
An Eurem Fenster, zwischen zwölf und eins? –
Nun, wenn Ihr Jungfrau seid, gebt darauf Antwort!
Hero: Ich sprach mit keinem Mann zu jener Stunde.
Don Pedro: Dann seid Ihr keine Jungfrau! – Ich bedaure,
Daß Ihr dies hören müßt, Leonato. Doch, auf Ehre,
Mein Bruder, ich und der gekränkte Graf hier
Sahn sie und hörten sie um jene Nachtzeit
Mit einem Kerl sprechen an ihrem Fenster; –
Der schon – Schuft, der er ist – gestanden hatte
Die tausend schändlichen Zusammenkünfte,
Die die zwei heimlich hatten.
Don Juan: Pfui, pfui, man darf die gar nicht nennen, Herr,
Gar nicht erwähnen!
Es ist nicht genug Keuschheit in der Sprache,
Daß man dies sagen dürft. – Drum, schönes Fräulein,
Bedaure ich dein schlechtberatnes Tun.
Claudio: O Hero! Welche Hero wärest du,
Wenn nur die Hälfte deiner äußeren Schönheit
Auch Wohnstatt hätt in deines Herzens Rat!
So lebe wohl, höchst häßlich und höchst schön,
Du reine Schuld und schuldbefleckte Reinheit!
Durch deine Schuld schließ ich der Liebe alle Tore,
Und an mein Augenlid häng ich Verdacht,
Der alle Schönheit kehrt zur Mahnung an dies Unheil,
So daß sie nie mehr schön mir scheinen soll.
Leonato: Hat niemands Dolch für *mich* hier eine Spitze?
Hero fällt in Ohnmacht
Beatrice: Was ist, Kusine?! Warum fällst du hin?
Don Juan: Kommt, laßt uns gehn! Was da ans Licht kam, legt sich
Erstickend ihr aufs Herz. *Don Pedro, Don Juan und Claudio ab*
Benedikt: Wie gehts dem Fräulein?
Beatrice: Tot, glaub ich. Helft doch, Onkel!
Hero! Ach, Hero! Onkel! Signor Benedikt! Pater!
Leonato: Schicksal, nimm deine schwere Hand nicht fort!
Tod ist der schönste Schleier ihrer Schande,

Den man noch wünschen könnt.
BEATRICE: Wie gehts, Kusine Hero?
PATER: Kommt zu Euch, Fräulein!
LEONATO: Blickst du wieder auf?
PATER: Ja. Warum sollt sies nicht?
LEONATO: Warum? Ach, schreit nicht jedes Ding auf Erden
Schmach über sie? Und könnte sie hier leugnen,
Was uns ihr Blut verriet durch ihr Erröten?
Nein! Leb nicht, Hero! Tu dein Aug nicht auf,
Denn dächt ich nicht, daß du dem Tode nah bist, –
Dächt ich, dein Geist wär stärker als die Schande,
Dann zückte ich, als allen Vorwurfs Nachhut
Den Dolch nach deinem Leben! – Ach, ich Armer!
Kränkte ich mich, daß ich nur *eine* hatte?
Schalt ich *darum* die geizige Natur?
O, du warst eins zuviel! Was hatt ich diese eine?
Was schienst du meinem Aug je liebenswert?
Was nahm ich denn nicht an mit milder Hand
Lieber ein Bettelkind vor meinen Toren?
Wär das beschimpft, mit Schande so besudelt,
Ich könnte sagen: »*Ich* hab keinen Teil dran,
Aus unbekannten Lenden stammt die Schande!«
Doch meins! Meins, das ich liebte, das ich pries,
Und meins, auf das ich stolz war, so sehr meines,
Daß ich mir selbst nicht mein war im Vergleich,
Ach sie, ja sie; sie ist so tief gefallen,
In eine Grube voller Tinte, daß auch
Das weite Meer zu wenig Tropfen hätte,
Sie reinzuwaschen, und zu wenig Salz,
Ihr angestochnes Fleisch genug zu würzen.
BENEDIKT: Herr, Herr! Geduld!
Ich für mein Teil bin so gehüllt in Staunen,
Daß mir die Sprache fehlt.
BEATRICE: Ich schwörs, meine Kusine wird verleumdet.
BENEDIKT: Fräulein, schlieft Ihr die Nacht in ihrer Kammer?
BEATRICE: Nein, diesmal nicht. Doch bis zu dieser Nacht
Schlief ich dies ganze Jahr an ihrer Seite.
LEONATO: Beweis, Beweis! Das macht nun nur noch stärker,

Was schon zuvor feststand mit Eisenrippen! –
Lügen die Prinzen denn? Lügt Claudio, der sie
So liebte, daß er noch sein Wort von ihrer Schande
Mit Tränen wusch? Fort von ihr! Laßt sie sterben!

PATER: Nun höret mich ein wenig;
Denn ich hab nur deshalb so lang geschwiegen
Und diesem Schicksal Raum gegeben, um
Das Fräulein anzusehn. Ich hab bemerkt,
Wie tausendmal ihr Röte ins Gesicht schoß
Und tausendmal danach die Scham der Unschuld
So weiß wie Engel forttrieb diese Röte.
Und eine Glut erschien in ihren Augen,
An der verbrennt der Irrtum dieser Prinzen,
Der ihre wahre Unschuld schmäht. Gut; heißt mich
'nen Narren, glaubt meiner Erfahrung nicht,
Die mir meine Beobachtung bestätigt,
Glaubt nicht, was ich euch sag, nicht meinem Alter,
Ehrwürdigem Stand, Beruf und heiligem Amt,
Wenn dieses schöne Fräulein hier nicht schuldlos
Da liegt durch einen bittern Irrtum!

LEONATO: Pater,
Du siehst, ihr blieb nur grad noch soviel Tugend,
Daß sie ihre Verdammnis nicht vermehrt
Um einen Meineid: denn sie leugnet nicht!
Was willst du drum verhüllen mit Entschuldigung
Das, was da nackt und bloß vor uns liegt?

PATER: Fräulein!
Was ist der Mann, mit dem man Euch beschuldigt?

HERO: Das wissen die Beschuldiger; *ich* weiß keinen.
Wenn ich mehr weiß von irgendeinem Mann
Als sich gehört für eines Mädchens Tugend,
Sei *keine* Sünde mir verziehn! – O, Vater!
Beweist, daß je ein Mann mit mir gesprochen
Zu ungehöriger Zeit, oder daß gestern nacht ich
Mit irgendwem ein Wort gewechselt hab; *dann*
Verstoßt mich, haßt mich, foltert mich zu Tod!

PATER: Ein sonderbarer Irrtum täuscht die Prinzen.

BENEDIKT: Zwei von den Prinzen sind die Ehre selbst,

Und wenn hier ihre Weisheit irrgeführt ist,
So ists das Werk von Don Juan, dem Bastard,
Denn der ist stets auf Bubenstücke aus.
LEONATO: Ich weiß nicht. – Wenn sie Wahrheit von ihr sprechen,
Zerreiße ich mein Kind mit diesen Händen!
Doch tun sie ihrer Ehre Unrecht, dann soll
Der Vornehmste von ihnen davon hören!
Die Zeit hat noch nicht *so* mein Blut vertrocknet,
Das Alter meinen Geist nicht *so* verzehrt,
Das Glück mein Hab und Gut nicht so verringert,
Mein Leben nicht so ohne Freund gelassen,
Daß sie nicht, da ich nun so aufgeweckt bin,
An mir noch finden Körperkraft genug
Und Geisteskraft – und Freunde und Vermögen
Genug, an ihnen mich zu rächen!
PATER: Wartet
Und hört auf meinen Rat in diesem Fall!
Die Prinzen ließen Hero hier für tot.
Haltet sie eine Weile nun verborgen
Und laßt verbreiten, sie sei *wirklich* tot.
Nach außen hin tragt Trauer, wie es Brauch ist,
Und hängt an Eurer Ahnen altes Grabmal
Ein trauernd Epitaph, und folgt den Bräuchen,
Die üblich sind, wenns ein Begräbnis gibt.
LEONATO: Was soll draus werden? Was wird das erreichen?
PATER: Gut durchgeführt, wandelts zu ihren Gunsten
Beschimpfungen in Reu; das ist schon etwas! –
Doch nicht deshalb denk ich an solche List,
Sondern sie soll was Größeres gebären:
Ihr Tod (denn der muß fest behauptet werden!)
Im Augenblick, da sie beschuldigt wurde,
Der führt zu Klage, Mitleid und Entschuldigung
Bei jedem, der das hört. Denn wie wir wissen:
Was wir besitzen, scheint uns nicht so wertvoll,
Solang wirs haben; doch wenns fehlt und fort ist,
Ja, *dann* schätzen wirs hoch! Dann finden wir
Das Gute, das uns der Besitz nicht zeigte,
Solang er unser war. – So gehts Graf Claudio:

Wenn er erst hört, sie starb an seinen Worten,
Wird der Gedanke an ihr Leben schön
Sich einschleichen in seines Herzens Träume.
Und jede liebliche Einzelheit ihres Lebens
Soll dann in köstlicherm Gewand vor ihm stehn,
Mehr rührend, zart, und voll von reichem Leben
Vor seinem Aug, im Grunde seiner Seele,
Als er sie je gesehn! – Dann soll er trauern,
Wenn je in seinem Herzen Liebe war,
Und wünschen, er hätt nie sie angeklagt, –
Nein; selbst wenn er die Klage noch für wahr hält!
So laßt es sein, und zweifelt nicht: was folgt,
Das wird sich schließlich alles klarer zeigen,
Als ich es als Vermutung schildern kann.
Doch selbst, wenn alles andre nicht erreicht wird,
So stillt der Glaube, daß das Fräulein tot ist,
Doch sicher den Spektakel ihrer Schande.
Und geht auch das nicht gut aus, könnt Ihr sie
(Wies ihrem wunden Ruf am besten zukommt)
In einem fernen Kloster unterbringen,
Fern allen Augen, Zungen, harten Worten.

Benedikt: Herr Leonato, folgt dem Rat des Paters!
Und wißt Ihr auch, wie innig zugetan ich
Dem Prinzen und dem Grafen Claudio bin:
Bei meiner Ehre, ich will so verschwiegen
In dieser Sache sein und so gerecht
Wie Eure Seel' sein soll mit Eurem Leibe.

Leonato: So wie ich bin, in dieser Flut des Schmerzes,
Laß ich mich an dem schwächsten Faden ziehn.

Pater: Gut, daß Ihr zustimmt! Fort nun, ohne Klag':
Seltsame Wunden heilt seltsame Kur.
Kommt, Fräulein: sterbt und lebt! Denn dieser Hochzeitstag
Ist nur vertagt. Jetzt hofft und wartet nur.

Alle ab außer Beatrice und Benedikt

Benedikt: Fräulein Beatrice, habt Ihr die ganze Zeit geweint?

Beatrice: Ja, und ich werde noch einige Zeit weinen.

Benedikt: Das will ich nicht wünschen.

Beatrice: Das braucht Ihr gar nicht. Ich tus schon von selbst.

Benedikt: Ich glaube sicher, Eurer schönen Kusine ist Unrecht geschehen.

Beatrice: Ah, wie könnte sich der Mann um mich verdient machen, der ihr Recht verschaffte!

Benedikt: Gibts einen Weg, Euch solche Freundschaft zu erweisen?

Beatrice: Einen ganz geraden Weg, aber keinen solchen Freund.

Benedikt: Ist es etwas, was ein Mann tun kann?

Beatrice: Es ist eine Aufgabe für einen Mann, aber nicht für Euch.

Benedikt: Ich liebe nichts auf Erden so sehr wie Euch; ist das nicht seltsam?

Beatrice: So seltsam wie irgend etwas, was ich nicht weiß. Ich könnte genau so gut sagen, ich liebte nichts so sehr wie Euch. Aber glaubt mir nicht; und doch, ich lüge nicht. Ich gestehe nichts, und ich leugne auch nichts. Mir tut meine Kusine leid.

Benedikt: Bei meinem Degen, Beatrice, du liebst mich!

Beatrice: Schwört bei nichts, was Ihr dann verschlucken müßt.

Benedikt: Ich will bei meinem Degen schwören, daß Ihr mich liebt; und wer sagt, daß ich Euch nicht liebe, der soll ihn mir schlucken!

Beatrice: Werdet Ihr Euer Wort nicht wieder verschlucken?

Benedikt: Mit keiner Tunke, die dazu ersonnen werden kann! Ich schwöre, ich liebe dich.

Beatrice: Nun dann, Gott verzeih mir –

Benedikt: Welche Sünde, liebste Beatrice?

Beatrice: Ihr habt mich zur rechten Stunde angetroffen. Ich war gerade im Begriff, zu schwören, daß ich Euch liebe.

Benedikt: O tu das! Mit deinem ganzen Herzen!

Beatrice: Ich liebe Euch mit so viel von meinem Herzen, daß nichts davon übrigbleibt, womit ich schwören könnte.

Benedikt: Komm: heiß mich für dich tun, was immer du willst!

Beatrice: So töte Claudio.

Benedikt: Was? Nicht um alles in der Welt!

Beatrice: Ihr tötet mich, indem Ihrs ablehnt. Lebet wohl.

Benedikt: Bleib, süße Beatrice! *Er hält sie fest*

Beatrice: Ich bin schon fort, auch wenn ich hier bin; es ist keine Liebe in Euch. Nein, ich bitt Euch, laßt mich gehen.

Benedikt: Beatrice!

Beatrice: Im Ernst, ich will gehen!

Benedikt: Erst wollen wir Freunde sein. *Er läßt sie los*

BEATRICE: Ein leichteres Wagnis, mit *mir Freund* zu sein als mit meinem *Feind* zu *kämpfen*.

BENEDIKT: Ist Claudio dein Feind?

BEATRICE: Hat er sich nicht als der größte Schurke gezeigt? Hat er nicht ein Mädchen aus meiner Familie verleumdet und mit Schimpf und Schande überschüttet? O, wär ich doch ein Mann! Was? Sie auf Händen tragen, bis sie einander die Händchen geben sollen? Und dann mit öffentlichen Beleidigungen, unverhohlener Verleumdung, unbarmherzigem Groll – O Gott, wär ich doch ein Mann! – Ich würde auf offenem Markte sein Herz auffressen!

BENEDIKT: Hör mich, Beatrice!

BEATRICE: Mit einem Mann am Fenster geredet! Ein richtiges Märchen!

BENEDIKT: Ja, aber Beatrice – –

BEATRICE: Die liebe gute Hero! Beleidigt, verleumdet, ruiniert ist sie!

BENEDIKT: Beat –

BEATRICE: Prinzen und Grafen! – Nein, ein prinzliches Zeugnis! Ein schöner Graf! Graf Groschenkonfekt, ein Zuckerschnäuzchen, wirklich ein süßer Liebhaber! O, wär ich doch ein Mann, um seinetwillen! Oder hätt ich doch irgendeinen Freund, der ein Mann sein wollte um meinetwillen! Aber Mannheit ist in höfliche Verbeugungen zerschmolzen, Tapferkeit in Komplimente, die Männer sind nichts mehr als bloß Zungen, und noch dazu glatte! Wer heut nur *eine* Lüge sagt und darauf schwört, der ist so tapfer wie ein Herkules. Dadurch, daß ich mirs wünsch, werde ich kein Mann. So will ich mich zu Tod grämen als Frauenzimmer!

BENEDIKT: Bleib, liebste Beatrice! Bei dieser meiner Hand, ich liebe dich!

BEATRICE: Gebraucht sie mir zulieb zu etwas anderem, als bei ihr zu schwören!

BENEDIKT: Denkt Ihr in tiefster Seele, daß Graf Claudio Hero Unrecht getan hat?

BEATRICE: Ja, so wahr ich einen Gedanken oder eine Seele habe!

BENEDIKT: Genug, Ihr habt mein Wort! Ich will ihn fordern. Ich will Euch die Hand küssen und gehen. Bei dieser Hand, Claudio solls mir teuer bezahlen! Denkt von mir so, wie Ihr von mir hören werdet. Geht, tröstet Eure Kusine. Ich muß sagen, sie sei tot. Und nun lebt wohl! *Beide ab*

2. Szene

Ein Gefängnis. Hundsbeer, Saumseel und der Küster in Amtstracht. Borachio, Conrado und Wachen

HUNDSBEER: Ist unser ganzes Tributal erschienen?

SAUMSEEL: Oh! Einen Stuhl und ein Kissen für den Herrn Küster!

KÜSTER: Welche sind die Malefikanten?

HUNDSBEER: Ei ja doch, das bin ich und mein Nachbar.

SAUMSEEL: Ja, das steht fest! Man hat uns nämlich die Konfusion erteilt, daß wir sie verhören sollen.

KÜSTER: Aber welches sind die Übeltäter, die verhört werden sollen? Führt sie dem Herrn Konstabler vor.

HUNDSBEER: Ei ja doch, laßt sie vor mich führen. Was ist Euer Name, lieber Freund?

BORACHIO: Borachio.

HUNDSBEER: Bitte schreibt auf: Borachio. Und der Eure, Mann?

CONRADO: Ich bin ein *Edel*mann, Herr! Mein Name ist Conrado.

HUNDSBEER: Schreibt auf: Meister Edelmann Conrado. Meisters, dient ihr Gott?

BEIDE: Jawohl, Herr, das hoffen wir.

HUNDSBEER: Schreibt auf, sie hoffen, daß sie Gott dienen; aber schreibt Gott zuerst, denn Gott schütze Gott, daß Gott nicht Vortritt vor solchen Schurken haben sollte! Meisters, es ist bereits erwiesen, daß ihr wenig besser seid als falsche Spitzbuben, und in kurzem wird es sich wohl erweisen, daß man auch etwa so über euch denkt. Was habt ihr darauf zu euren Gunsten zu sagen?

CONRADO: Fürwahr, Herr, wir sagen, das sind wir nicht.

HUNDSBEER: Ein bemerkenswert witziger Bursche, das versichere ich euch! Aber ich werde ihn schon übertölpeln. Kommt nur her, Bursche! Ein Wort in Euer Ohr, Herr: ich sage euch, man hält euch für falsche Spitzbuben.

BORACHIO: Herr, ich sag Euch, daß wir keine sind.

HUNDSBEER: Schön, dann tretet beiseite. Der Herrgott ist mein Zeuge, die haben sich ihre Antworten doch beide verabredet. Habt Ihr aufgeschrieben, daß sie keine sind?

KÜSTER: Herr Konstabler, Ihr seid nicht auf dem rechten Weg, sie so zu verhören. Ihr müßt die Wachen zu Wort rufen, die sie verklagt haben.

Hundsbeer: Ei ja doch, fürwahr, das ist der schnellste Weg! Also sollen die Wachen vortreten! Meisters, ich befehle euch im Namen des Prinzen, verklagt diese Männer.

Erster Wächter: Dieser Mann hat gesagt, Herr, daß Don Juan, des Prinzen Bruder, ein Schurke ist.

Hundsbeer: Schreibt auf: Prinz Don Juan ein Schurke! – Also, das ist aber platterdings ein Meineid, einem Prinzen seinen Bruder einen Schurken zu nennen.

Borachio: Herr Konstabler!

Hundsbeer: Ich bitte dich, Geselle, halt den Mund! Dein Aussehen gefällt mir nicht, das versprech ich dir.

Küster: Was sonst habt ihr ihn sagen gehört?

Zweiter Wächter: Ei, daß er tausend Dukaten von Don Juan erhielt, dafür, daß er Fräulein Hero fälschlich angeklagt hat.

Hundsbeer: Der offenkundigste Einbruch, den je einer begangen hat.

Saumseel: Ja, bei der heiligen Messe, das stimmt.

Küster: Was sonst noch, Geselle?

Erster Wächter: Und daß Graf Claudio auf Grund seiner Worte nun die Absicht hat, Fräulein Hero vor der ganzen Gemeinde zu beschimpfen und sie nicht zu heiraten.

Hundsbeer: O, du Schurke! Dafür wirst du zu ewiger Resurrektion verdammt werden!

Küster: Sonst noch etwas?

Wächter: Das ist alles.

Küster: Das ist mehr, Meisters, als ihr ableugnen könnt! Don Juan hat sich heute morgen heimlich davongestohlen, Hero ist wirklich auf diese Art angeklagt und ganz auf dieselbe Art am Altar zurückgestoßen worden, und ist vor Gram darüber auf der Stelle gestorben. Meister Konstabler, laßt diese Männer fesseln und zu Leonatos Haus bringen. Ich will vorausgehen und ihm das Verhörsprotokoll zeigen. *Ab*

Hundsbeer *(zum Wächter)*: Kommt, legt ihnen Couragen an!

Saumseel: Ja, legt sie ihnen nur…

Conrado: Weg da, Hahnrei!

Hundsbeer: Der Herrgott steh mir bei! Wo ist der Küster! Der solls aufschreiben: »Des Prinzen Beamter ist ein Hahnrei.« Kommt, bindet sie! Du elender Nichtsnutz!

Conrado: Weg da, Ihr seid ein Esel, Ihr seid ein Esel!

HUNDSBEER: Was, du suspektierst mein Amt nicht? Du suspektierst meine hochbetagten Jahre nicht? O, daß er doch noch da wäre, um schwarz auf weiß aufzuschreiben, daß ich ein Esel bin! Aber Meisters! Merkt euch das: daß ich ein Esel bin – auch wenns nicht aufgeschrieben ist, vergeßt es ja nicht, daß ich ein Esel bin. Nein, du Spitzbube! Du bist voll von Moralität, das wird man dir schon noch nachweisen, durch gute Zeugen! – Ich bin ein weiser Mann, und was noch mehr ist, ein Beamter, und was noch mehr ist, ein Hausbesitzer, und was noch mehr ist, ein so hübsches Stück Fleisch wie nur irgendeins in ganz Messina; und einer, der das Gesetz kennt, verstanden! Und ein vermögender Mann, verstanden!? Und ein Mann, dem zwar allerlei abgeht, weil er eigentlich noch besser dastehen müßt als er steht; aber doch einer, der seine zwei Amtsröcke auf dem Leib hat, und alles hübsch wohlgeordnet! Führt ihn ab! O, daß sies doch aufgeschrieben hätten: Ein Esel! *Alle ab*

Fünfter Akt

1. Szene

Vor Leonatos Haus. Leonato und Antonio treten auf

ANTONIO: Wenn Ihr so weitermacht, so bringt Ihr Euch ums Leben;
Und das ist unklug, so dem Gram zu helfen
Gegen Euch selbst.
LEONATO: O laß doch deinen Rat!
Er fällt in meine Ohren so vergeblich
Wie Wasser in ein Sieb. Du rat mir nicht,
Und keiner soll mit Trost mein Ohr erfreuen,
Als einer, der gekränkt ist so wie ich.
Bring mir den Vater, der sein Kind so liebte,
Und dessen Freude an ihr es ging wie meiner.
Und *ihn* heiß sprechen von Geduld!
Miß *sein* Leid an des meinen Länge und Breite,
Vergleich genau sein Herzweh mit dem meinen,
Ja, dies mit dem, und diesen Schmerz mit jenem,
In jeder Linie, Runzel, Form, Verzweigung!

Wenn *der* dann lächeln will, sich seinen Bart streicht,
Den Kummer abschüttelt, »Haha!« ruft, statt zu ächzen,
Sein Leid kuriert mit Pflastern, und sein Unglück
Mit Nachtschwärmern versäuft, *den* bring zu mir,
Und dieser Mann soll mir Geduld beibringen!
Allein, den gibt es nicht. Die Menschen, - Bruder -
Die wissen Rat und Trost leicht für den Schmerz,
Der nicht sie selber trifft, doch kosten sie ihn,
So wird zur Raserei ihr Rat, der grad noch
Der Leidenschaft ein Tränklein reichen wollte,
Oder mit Seidenfäden Tobsucht fesseln
Und Schmerz mit Luft beschwören, Qual mit Worten.
Nein, nein! Ein jeder mahnt gern zur Geduld
Den, der sich krümmt unter der Last des Leides,
Doch keiner ist so stark oder so mannhaft,
Daß er so klug bleibt, wenns ihn selber packt.
Drum, Bruder, gib mir keinen solchen Rat!
Mein Schmerz schreit lauter als die guten Lehren.

ANTONIO: Darin sind Männer also ganz wie Kinder.

LEONATO: Gib Frieden, bitte! Ich will Fleisch und Blut sein,
Denn nie bis jetzt hat noch ein Philosoph
Durch Denken Zahnweh mit Geduld ertragen,
Auch wenn er einen Stil schrieb wie ein Gott
Und über Glück und Leid sich lustig machte.

ANTONIO: Doch nimm nicht allen Schmerz allein auf dich:
Sieh zu, daß, die dich kränkten, *auch* dran leiden.

LEONATO: Du sprichst ein kluges Wort! Ja, ich wills tun.
Mir sagt mein Herz: verleumdet hat man Hero,
Und das soll Claudio wissen; auch der Prinz,
Und alle, die ihr diese Schande brachten.

Don Pedro und Claudio treten auf

ANTONIO: Da kommt der Prinz mit Claudio und in Eile.

DON PEDRO: Gut'n Tag, gut'n Tag!

CLAUDIO: Schön guten Tag euch beiden!

LEONATO: Hört, Herrn! -

DON PEDRO: Wir sind in Eile, Leonato.

LEONATO: In Eile, Herr? Nun, so gehabt Euch wohl, Herr! -
So eilig habt Ihrs jetzt? Nun: alles eins.

Don Pedro: Nein, sucht nicht Streit mit uns, mein guter Alter!
Antonio: Könnt er sich aufrichten an seinem Streit,
Dann lägen einige von uns am Boden.
Claudio: Wer kränkte ihn?
Leonato: Wahrlich, *du* kränkst mich! Du Betrüger, du!
Nein laß nur deine Hand von deinem Degen,
Ich fürcht dich nicht.
Claudio: Verwünscht sei meine Hand,
Gäbe sie Eurem Alter Grund zur Furcht!
Glaubt: meine Hand wollt' nichts von meinem Degen.
Leonato: Still, still, Mann! Treibt nicht Hohn und Spott mit mir!
Ich sprech nicht wie ein Kindskopf oder Narr,
Und prahl nicht, wies mein Alter sich gestattet,
Was ich als junger Mann tat oder täte,
Wenn ich nicht alt wär. Claudio, hör: du hast
Mein schuldlos Kind und mich so schwer beleidigt,
Daß ich die Würde meines Alters abtu
Und dich – grau und zernarbt von vielen Jahren –
Herausfordre zum Zweikampf als ein Mann.
Ich sag: du hast mein schuldlos Kind belogen,
Deine Verleumdung hat ihr Herz durchbohrt,
Daß sie begraben liegt bei ihren Vätern,
Oh, in der Gruft, wo niemals Schande schlief,
Vor *ihrer*, die dein Schurkenstreich ihr antat!
Claudio: Mein Schurkenstreich?
Leonato: Dein Schurkenstreich! Das sagt' ich.
Don Pedro: Ihr sagts im Irrtum, alter Mann.
Leonato *(zu Pedro)*: Mein Herr,
Ich wills an ihm beweisen, wenn ers wagt,
Trotz seiner Finten, seiner guten Fechtkunst,
Trotz seiner Jugend Mai und Kraft und Blüte.
Claudio: Fort! Ich will nichts mit Euch zu schaffen haben.
Leonato: Kannst du mir so entgehn? Du hast mein Kind getötet.
Töt *mich*, du Knabe: töte einen Mann!
Antonio: Er soll uns beide töten, uns zwei Männer.
Doch das ist gleich. Erst laßt ihn *einen* töten!
Dem Sieg sein Preis! *Mir* soll er Rede stehen.
Kommt, folgt mir, Bengel! Kommt, Herr Bengel, folgt mir!

Herr Bengel, Euch hau ich in die Parade!
Ja, auf mein Wort als Edelmann, ich wills!

LEONATO: Bruder!

ANTONIO: Laßt, laßt! Gott weiß, ich liebte meine Nichte;
Die wagen einem Mann *so* standzuhalten,
Wie ich wag, eine Schlange an der Zunge
Zu fassen! Bengel, Affen, Prahler, Milchgesichter!

LEONATO: Bruder Antonio!

ANTONIO: Laßt gut sein. Was? Du Kerl! Ich kenn sie, ja,
Genau wieviel sie wiegen, auf ein Lot!
Rauflustige, freche, modenärrische Bengel,
Voll Lug und Trug, Verderbtheit und Verleumdung.
Sie gehn zum Maskenball, abscheulich schon von außen,
Und schrein ein halbes Dutzend blutrünstige Worte,
Was sie den Feinden täten, wenn sies wagten; –
Und das ist alles.

LEONATO: Doch Antonio, Bruder! – – –

ANTONIO: Kommt, es ist gleich.
Doch laßt mich machen, mischt Euch da nicht ein.

DON PEDRO: Ihr Herrn, wir wolln Eure Geduld nicht reizen.
Mein Herz ist schwer ob Eurer Tochter Tod,
Jedoch bei meiner Ehr, man warf ihr nichts vor,
Als nur, was wahr und voll bewiesen ist.

LEONATO: Mein Herr! mein Herr!

DON PEDRO: Nein, ich will Euch nicht hören.

LEONATO: Nein? – Bruder, kommt! Ich schaff mir schon Gehör!

ANTONIO: Du mußt! Sonst solln von uns es etliche büßen.

Beide ab. Benedikt tritt auf

DON PEDRO: Seht, da kommt *der* Mann, den wir suchen gingen.

CLAUDIO: Nun, Signor, was gibts neues?

BENEDIKT *(zu Don Pedro)*: Guten Tag, mein Prinz!

DON PEDRO: Willkommen, Signor. Ihr hättet fast noch was mit ansehen können, was fast ein Duell gewesen wäre.

CLAUDIO: Ja. Fast hätten uns zwei alte Männer ohne Zähne unsre Nasen abgebissen.

DON PEDRO: Leonato und sein Bruder. Was meinst du? Ich weiß nicht, ob wir nicht zu jung für sie gewesen wären, wenns zum Kampf gekommen wäre.

Benedikt: In einer schlechten Sache könnt ihr nicht gut kämpfen. Ich kam, um euch beide – aufzusuchen.

Claudio: Und wir suchen *dich* schon überall! Denn wir leiden an einem starken Tropfen Schwermut, und die möchten wir uns gern vertreiben lassen. Willst du deinen Witz gebrauchen?

Benedikt: Der steckt in meiner Scheide. Soll ich ihn spielen lassen?

Don Pedro: Trägst du deinen Witz zur Seite?

Claudio: Das hat noch niemand getan, obwohl schon so mancher seinen Witz beiseite gelassen hat. Aber bitte, laß ihn nur nicht aus dem Spiel! Laß ihn nur spielen, wie wirs von den Fiedlern verlangen, daß sie aufspielen, zu unserem Vergnügen.

Don Pedro: So wahr ich ein ehrlicher Mann bin, er sieht blaß aus! Bist du krank oder zornig?

Claudio: Nur Mut, Mann! Der *Gram* hat zwar eine Katze umgebracht, aber du hast Zeugs genug, den Gram umzubringen.

Benedikt: Mein Herr, wenns Euch in den *Kram* paßt, will ich Eurem Witz gern eins verpassen. Seht nur zu, wies ausfällt, wenn Ihr mit ihm gegen mich ausfallt! Wählt Euch, wenn ich bitten darf, ein anderes Stichblatt.

Claudio: Na, da gebt ihm erst eine andre Lanze! Denn *die* brach mittendurch.

Don Pedro: Bei Licht gesehen, er verändert sich mehr und mehr. Ich glaube, er ist wirklich zornig.

Claudio: Ist ers, so weiß er, wie er sich zu gürten hat.

Benedikt: Soll ich Euch ein Wort ins Ohr sagen?

Claudio: Gott schütze mich vor einer Herausforderung!

Benedikt: Ihr seid ein Schurke! – Ich scherze nicht. Ich wills an Euch erweisen, *wie* Ihrs wagt, mit welcher *Waffe* Ihrs wagt und *wenn* Ihrs wagt. Gebt mir Genugtuung, oder ich werde verkünden, daß Ihr ein Feigling seid. Ihr habt ein liebenswürdiges Mädchen umgebracht, und ihr Tod soll Euch teuer zu stehen kommen. – Laßt mich von Euch hören.

Claudio: Gut, ich werde kommen. Die Mahlzeit ist der Mühe wert.

Don Pedro: Wie? – Ein Schmaus? Ein Schmaus?

Claudio: Ja, meiner Treu! Ich bin ihm Dank schuldig; er hat mich eingeladen, auf einen Kalbskopf und auf einen Kapaun! Wenn ich die nicht vorschneiden kann, daß es sich sehen lassen kann, so soll man sagen, mein Messer ist nichts wert. – Soll ich nicht auch noch einen sturen balzenden Hahn suchen?

BENEDIKT: Herr, Euer Witz hat einen schnellen Gang: Er ist schon auf und davon.

DON PEDRO: Ich will dir sagen, wie Beatrice unlängst *deinen* Witz gerühmt hat. Ich sagte, du habest einen feinen Witz. »Das ist wahr«, sagte sie: »klein, aber fein.« »Nein«, sagte ich, »dafür sei er zu groß.« »Stimmt«, sagte sie: »zu groß, und vor allem zu lang.« »Nein«, sagte ich: »einen *guten* Witz.« »Richtig«, sagte sie, »er tut niemand weh.« »Nein«, sagte ich, »dieser Edelmann spricht weise.« »Sicherlich«, sagte sie: »er spricht wie ein Waisenknabe.« »Nein«, sagte ich, »er hat eine gewandte Zunge.« »Das glaub ich Euch«, sagte sie, »denn am Montag abend hat er was geschworen, was er am Dienstag früh wieder abgeschworen hat; das sind schon zwei Zungen oder mindestens eine gespaltene Zunge!« So hat sie eine ganze Stunde lang über alle deine guten Eigenschaften gewitzelt. Aber zuletzt schloß sie mit einem Seufzer, du seist der schönste Mann in ganz Italien.

CLAUDIO: Und weinte helle Tränen dabei und versicherte, sie mache sich gar nichts draus.

DON PEDRO: Ja, das tat sie. Und doch, bei alledem, und wenn sie ihn nicht tödlich haßte, so würde sie ihn herzlich lieben. – Das alles hat uns die Tochter des alten Mannes erzählt.

CLAUDIO: Alles, alles! Und außerdem *sah ihn Gott, der Herr, – als er sich im Garten versteckt hatte.*

DON PEDRO: Wann aber sollen wir die Hörner des wilden Stiers auf des vernünftigen Benedikts Kopf setzen?

CLAUDIO: Ja, und drunter schreiben: »Hier wohnt Benedikt, der verheiratete Mann!«

BENEDIKT: Gehabt Euch wohl, Bürschlein! Was ich denke, das wißt Ihr. Ich will Euch jetzt Eurer geschwätzigen Laune überlassen; Ihr fuchtelt mit Euren Witzen herum wie Prahlhänse mit ihren Klingen, die, Gott sei Dank, nichts ausrichten. *(zu Don Pedro)* Mein Prinz, ich dank Euch für alle Eure Artigkeiten. Ich muß mich nun Eurer Gesellschaft enthalten. Euer Bruder, der Bastard, ist aus Messina entflohen. Ihr habt gemeinsam ein liebes und unschuldiges Mädchen getötet. Was diesen Baron Bartlos da betrifft, so werden er und ich einander begegnen; bis dahin sei Friede mit ihm. *Ab*

DON PEDRO: Es ist sein Ernst.

Claudio: Sein Ernst, ganz und gar, und – was gilts? – aus Liebe zu Beatrice.

Don Pedro: Und er hat dich herausgefordert?

Claudio: Mit tiefster Überzeugung.

Don Pedro: Was für ein schönes Ding ist doch der Mensch, wenn er daherkommt und Wams und Hosen *an*getan, aber seinen Verstand *ab*getan hat!

Hundsbeer, Saumseel und die Wächter treten auf, mit Conrado und Borachio

Claudio: Da ist er gegen einen Affen ein Riese, aber dafür ist ein Affe ein Gelehrter gegen so einen Menschen.

Don Pedro: Doch still; laßt mich nachdenken. Steh auf, mein Herz, und sei ernst. Hat er nicht gesagt, mein Bruder sei geflohen?

Hundsbeer *(zu den Gefangenen)*: Kommt nur, kommt, Herr! Wenn die Gerechtigkeit *Euch* nicht zähmen kann, dann soll sie niemals mehr *Gründe* in ihrer Wagschale abwägen. Na, und da Ihr schon einmal ein fluchender Heuchler gewesen seid, so muß man Euch im Auge unterhalten.

Don Pedro: Was ist denn? Zwei von meines Bruders Leuten in Fesseln? Der eine ist Borachio.

Claudio: Fragt doch nach ihrem Vergehen, gnädiger Herr.

Don Pedro: Gerichtsdiener, welches Vergehen haben diese Leute begangen?

Hundsbeer: Ei ja doch, Herr, die haben falsche Berichte begangen; ferner haben sie auch Unwahrheiten gesprochen; zweitens sind sie Verleumdungen, sechstens und letzhintenst endlich haben sie über ein Fräulein Lügen erzählt; drittens, haben sie ungerechte Dinge für wahr erklärt, und zum Schluß: sie sind erlogene Spitzbuben.

Don Pedro: Erstens frage ich dich, was sie getan haben, drittens frage ich dich, was ihr Vergehen ist, sechstens und letztens, warum sie arretiert sind, und zum Abschluß, wessen Ihr sie anklagt?

Claudio: Richtig durchdacht und alles schön eingeteilt! Ja, das ist wahr: Ihr habt den Sinn gut eingekleidet.

Don Pedro: Gegen wen habt ihr euch vergangen, Meisters, daß ihr so zum Verhör gebracht werdet? Dieser gelehrte Konstabler ist zu klug. Man kann ihn nicht verstehen. Was ist euer Vergehen?

Borachio: Teuerster Prinz, laßt mich nicht weiter zum Verhör schleppen. Hört mich an, auch wenn der Graf hier mich tötet. Ich hab

Euch betrogen, den Augenschein Eurer eigenen Augen! Was euer beider Weisheit nicht ergründen konnte, das haben diese platten Narren ans Licht gebracht; denn sie hörten im Dunkeln, wie ich diesem Mann da gestand, daß Don Juan, Euer Bruder, mich anstiftete, Fräulein Hero zu verleumden; wie ihr in den Garten geführt wurdet und saht, wie ich Margareta schöntat, die Heros Kleider trug, und wie Ihr dann Hero in Schande brachtet, statt sie zu heiraten. Meinen Schurkenstreich haben sie zu Protokoll gebracht, und ich wollt ihn lieber mit meinem Tod besiegeln als zu meiner Schande nun immer wieder davon sprechen. Das Fräulein ist tot durch meine und meines Herren falsche Anklage. Kurz, ich will nichts als den Lohn eines Schurken.

DON PEDRO *(zu Claudio)*: Fährt das Euch nicht wie Stahl durch Euer Blut?

CLAUDIO: Ja. Gift trank ich bei jedem seiner Worte.

DON PEDRO: Doch hat mein Bruder dich dazu verführt?

BORACHIO: Ja, und mir viel bezahlt, damit ichs tu.

DON PEDRO: Nichts ist er als Verrat! Außen und innen! Nach diesem Schurkenstreich ist er davon.

CLAUDIO: O liebste Hero! Jetzt seh ich dein Bild
In jenem seltnen Schein, wie ich zuerst es liebte!

HUNDSBEER: Kommt, führt die Ankläger ab! Mittlerweile hat unser Küster auch den Signor Leonato in dieser Sache schon reformiert. Und, Meisters, vergeßt ja nicht, wenn es soweit ist, ganz besonders zu spezifizieren, daß *ich* ein *Esel* bin!

SAUMSEEL: Da, da kommt der Meister Signor Leonato, und der Herr Küster auch!

Leonato, Antonio und der Küster treten auf

LEONATO: Wo ist der Schuft? Laßt mich ihm ins Gesicht sehn,
Damit ich, wenn ich seinesgleichen treffe,
Weiß, wen ich meiden muß. – Welcher von denen?

BORACHIO: Mich sehet an, ich bins, der Euch dies antat.

LEONATO: Bist du der Sklave, der mein Kind mit seinem
Gifthauch getötet hat?

BORACHIO: Ja, ich allein.

LEONATO: Nein, Schurke, du belügst dich selbst! Das stimmt nicht!
Hier steht ein Paar von ehrenwerten Männern,
Ein dritter ist entflohn, der mit im Spiel war. –

Euch, Prinzen, dank ich meiner Tochter Tod! –
Verzeichnet das bei euren Ruhmestaten:
Ein tapfres Werk, wenn ihr es recht bedenkt!
CLAUDIO: Ich weiß nicht, *wie* ich bitt, daß Ihr mich hört?!
Doch *sprechen muß* ich: Wählet Eure Rache,
Erlegt mir alles auf, was Euch nur einfällt
Zur Buße meiner Sünde. – Doch die Sünde
Tat ich aus Irrtum.
DON PEDRO: Ja, auch ich! weiß Gott!
Und doch, um diesem Greis genugzutun,
Wollt ich mich beugen unter jede Bürde,
Die er mir auferlegt.
LEONATO: Ich kann euch nicht gebieten, meiner Tochter
Nun zu gebieten, sie soll wieder leben.
Das wär nicht möglich. Doch ich bitt euch beide:
Sagt allen Leuten in Messina hier,
Wie unschuldig sie starb und wenn Euch Liebe
Verhelfen kann zu trauriger Erfindung,
So hängt ein Epitaph an ihre Gruft
Und singts als Klagelied heut nacht für ihren Leichnam.
Und morgen früh kommt ihr dann in mein Haus,
Und da Ihr nicht mein Schwiegersohn mehr sein könnt,
So seid mein Neffe: meines Bruders Tochter,
Die sieht fast *so* aus wie mein totes Kind,
Und sie allein ist unser beider Erbin.
Gebt ihr, was Ihr der meinen geben solltet,
Und so stirbt meine Rache.
CLAUDIO: Edler Herr!
Ihr seid zu gut zu mir, drum muß ich weinen.
Ich gehe gern drauf ein. Verfügt von nun an
Über den armen Claudio, wie Ihr wollt.
LEONATO: So wart ich, daß Ihr morgen zu mir kommt;
Für heute nacht lebt wohl! – Und diesen Schurken
Muß man Margareta gegenüberstellen,
Die, glaub ich, tief in all dem mit drin steckte,
Bezahlt von Eurem Bruder.
BORACHIO: Meiner Treu! Das nicht!
Sie wußt' nicht, was sie tat, als sie mich sprach,

Und sie war immer brav und tugendhaft,
In allem, was ich je von ihr erfuhr.

HUNDSBEER: Ferner, Herr, was ich allerdings nicht weiß auf schwarz habe, hat dieser Ankläger hier, dieser Verbrecher, mich einen Esel genannt! Ich fleh Euch an, diesen Esel im Auge zu behalten, wenn Ihr seine Strafe festsetzt. Und die Wache hat auch gehört, wie sie von einem Häßlichen geredet haben, und es heißt, dieser Häßliche trägt eine Liebe locker in seinem Ohr, die soll faustdick sein; und außerdem borgt er Geld um der Liebe Gottes willen, was er aber nun schon so lange getrieben und nie zurückgezahlt hat, daß jetzt die Menschen dadurch hartherzig werden und um der Liebe Gottes willen nichts mehr leihen wollen. Wenns Euch beliebt, verhört ihn doch auch mit *diesem* Punkt!

LEONATO: Ich dank dir für dein redliches Bemühen.

HUNDSBEER: Euer Gnaden sprechen, wie sichs für einen wirklich dankbaren und ehrenwerten jungen Herren geziemt, und ich lobe den Herrgott für Euch.

LEONATO: Da, nimm für deine Müh. *Gibt ihm Geld*

HUNDSBEER: Behüte Gott die Stiftung!

LEONATO: Geh, die Gefangenen nehm *ich*; und dank dir.

HUNDSBEER: So überlasse ich Euer Gnaden einem ausgemachten Schurken, mit der Bitte, daß Euer Gnaden Euch selbst die Strafe bestimmen mögen, allen anderen zum Beispiel. Gott behüte Euer Gnaden! Ich wünsche Euer Gnaden alles Gute. Gott entleihe Euer Gnaden bald wieder Gesundheit! Ich erteile Euch untertänigste Erlaubnis zu gehen; und wenn man ein fröhliches Wiedersehen wünschen darf, so mags der Herrgott persiflieren! – Kommt, Nachbar!

Hundsbeer und Saumseel ab

LEONATO: Bis morgen früh denn, meine Herrn, lebt wohl!

ANTONIO: Lebt wohl, ihr Herrn. Wir sehn euch also morgen.

DON PEDRO: Wir kommen!

CLAUDIO: Heute nacht klag ich um Hero.

Don Pedro und Claudio ab

LEONATO *(zur Wache)*:
Bringt diese Burschen fort. Wir fragen noch Margareta,
Wie sie gut Freund mit diesem Nichtsnutz ward.

Alle ab

2. Szene

Leonatos Garten. Benedikt und Margareta treffen einander

BENEDIKT: Hör doch, liebste Jungfer Margareta! Mach dich verdient um mich und hilf mir Beatrice sprechen.

MARGARETA: Wollt Ihr mir dann ein Sonett zum Lob meiner Schönheit schreiben? Aber in den höchsten Tönen?

BENEDIKT: Auf so hohen Stelzen, Margareta, daß kein Mann auf Erden je drüber kommt; denn wirklich, du verdienst es.

MARGARETA: Daß kein Mann über mich drüberkommt? Warum? Soll ich denn immer bleiben, die ich bin?

BENEDIKT: Dein Witz ist so scharf wie die Zähne eines Windspiels: Er packt zu.

MARGARETA: Und Eurer ist so stumpf wie eines Fechtmeisters Rapier: er stößt zu, aber tut nicht weh.

BENEDIKT: Ein sehr mannhafter Witz, Margareta, der einem Frauenzimmer nicht weh tut. Und drum bitt ich dich, ruf Beatrice. Du hast gesiegt. Ich ergebe mich dir.

MARGARETA: Ergeben können wir uns Euch selbst. Ihr habt das Schwert zu handhaben.

BENEDIKT: Ach, Margareta, wenn Ihr Eure Gaben so benutzt, dann müßt Ihr das Schwert in die Scheide stecken. Ja, ja, das sind gefährliche Waffen für Jungfrauen.

MARGARETA: Schön, ich will Euch Beatrice hierherrufen. Ich denke, sie hat Füße. *Ab*

BENEDIKT: Und darum wird sie kommen. *Er singt*

Der Liebesgott droben,
Der kennt meinen Sinn
Und weiß aus viel Proben,
Wie arm ich dran bin – –

Ich meine: im Singen! Denn in der Liebe, da war Leander, der wackere Schwimmer, und Troilus, der erste, der in Pandarus einen Kuppler beschäftigte, und noch ein ganzes Buch voll von diesen ehemaligen Tapetenhelden, deren Namen immer noch so glatt auf der ebenen Bahn eines Blankverses dahingleiten – alle miteinander nie so über und über verliebt, wie meine arme Wenigkeit! Meiner

Treu, in Reimen kann ichs beweisen. Ich habs versucht, aber ich kann keinen Reim finden auf »Fräulein« als »Kindlein«, und das ist ein armer, unschuldiger Reim. Und auf »Zorn« fällt mir nichts ein als »Horn«, und das ist ein harter Reim; und auf »ich harr« nichts als »ich Narr«, und das ist ein törichter Reim. – Sehr verfänglich, wie solche Zeilen ausgehen. Nein, ich bin unter keinem reimenden Stern geboren, und ich kann nicht mit funkelnden Reden freien.

Beatrice tritt auf

Süße Beatrice! So kamst du also, als ich dich rief.

Beatrice: Ja, Signor, und ich geh auch, wenn Ihr michs heißt.

Benedikt: Ah! So bleib bis dahin!

Beatrice: Ihr *habt* schon *»dahin«* gesagt, also lebt wohl! Und doch bevor ich geh, laßt mich mit dem gehen, weshalb ich kam: ich wüßte gern, was zwischen Euch und Claudio vorfiel.

Benedikt: Nichts als schlechte Worte. Und daraufhin will ich dich küssen.

Beatrice: Schlechte Worte sind nur ein schlechter Wind, und schlechter Wind ist nur schlechter Atem; und schlechter Atem ist ekelhaft. Drum will ich ungeküßt gehen.

Benedikt: Du hast das Wort aus seinem rechten Sinn gescheucht, so gewaltsam ist dein Witz. Aber ich wills dir geradeheraus sagen: Claudio hat meine Herausforderung angenommen, und entweder muß ich bald von ihm hören, oder ich verkünde, er ist ein Feigling. Und nun bitte ich dich, sag mir, um welcher meiner schlechten Eigenschaften willen hast du dich zuerst in mich verliebt?

Beatrice: Um ihrer aller willen, denn sie bilden einen so wohlgeordneten Staat von Fehlern, daß sie keiner *guten* Eigenschaft gestatten, ihnen ins Gehege zu kommen. Aber um welcher meiner guten Eigenschaften willen habt denn Ihr zuerst die Liebe zu mir erlitten?

Benedikt: Liebe *erlitten*! Gut gesagt. Ich erleide wirklich die Liebe, denn ich liebe dich gegen meinen Willen.

Beatrice: Wohl Eurem Herzen zum Trotz? Das arme Herz! Wenn Ihr ihm *meinet*willen Trotz bietet, so will *ich* ihm um *Euret*willen Trotz bieten, denn das, was mein Freund haßt, will ich niemals lieben!

Benedikt: Du und ich, wir sind zu klug, um einander in Frieden zu umwerben.

Beatrice: Nach diesem Geständnis aber scheint das nicht so. Denn unter zwanzig klugen Männern ist nicht einer, der sein eigenes Lob singt!

BENEDIKT: Ein alter, alter Spruch, Beatrice, der nur galt, als Nachbarsleute noch gut von einem sprachen. Wenn heut ein Mann sich nicht noch selbst sein Grabmal errichtet, eh er stirbt, dann wird das Andenken an ihn nicht länger leben, als seine Glocke läutet und seine Witwe weint.

BEATRICE: Und wie lang ist das, meint Ihr?

BENEDIKT: Das ist die Frage: Nun, eine Stunde Geläut und ein Viertelstündlein Weinen; deshalb ist es für einen klugen Mann das ratsamste, wenn Don Wurm, sein Gewissen, keinen Einwand dagegen finden kann, selbst die Posaune seiner eigenen Tugend zu sein, wie ich es bin. Soviel über mein Selbstlob, obwohl ich, wie ich selbst bezeugen will, wirklich lobenswert bin. – Und nun sagt mir, wie gehts Eurer Kusine?

BEATRICE: Sehr schlecht.

BENEDIKT: Und wie gehts Euch?

BEATRICE: Auch sehr schlecht.

BENEDIKT: So ehret Gott, liebet mich und bessert Euch! Und damit lebt wohl, denn da kommt eine in großer Eile.

Ursula tritt auf

URSULA: Madam, Ihr müßt zu Eurem Onkel kommen! Dort drüben ist der Teufel los. Es ist erwiesen, daß Fräulein Hero fälschlich angeklagt war, der Prinz und Claudio schmählich hintergangen wurden, und daß Don Juan, der auf und davon ist, der Urheber von all dem war. Wollt Ihr gleich kommen?

BEATRICE: Wollt Ihr das mit anhören gehen, Signor?

BENEDIKT: Ich will in deinem Herzen leben, in deinem Schoß sterben und in deinen Augen begraben sein! Und obendrein will ich mit dir zu deinem Onkel gehen. *Alle ab*

3. Szene

Eine Kirche. Claudio, Don Pedro und Bediente mit Musik und Fackeln

CLAUDIO: Ist dies das Erbbegräbnis Leonatos?
DIENER: Ja, gnädiger Herr.
CLAUDIO *(liest von einem Pergament)*:
Totgelästert von der Welt
Wurde Hero, die hier liegt.
Tod, dem Unrecht zum Entgelt,
Gib ihr Ruhm, der nie versiegt!
Daß, die an Verleumdung starb
Ruhm, der ewig lebt, erwarb!
Trauerlied, häng du hier drum!
Rühme sie, wenn ich verstumm. *Er hängt das Pergament auf*
Nun Musik! Und singt euer feierliches Grablied!
ALLE *(singen)*: Luna, hab mit uns Geduld!
Um die Jungfrau drückt uns Schuld!
Um ihr Grab mit Klagesang
Gehn wir reuig drum und bang,
Schwer, schwer, schwer!
Tu dich auf, du Todeshaus,
Deine Toten gib heraus:
Gib sie her!
CLAUDIO:
Deinem Leichnam nun Gut' Nacht! –
Jahr für Jahr sei dies vollbracht.
DON PEDRO: Gut' Morgen, Freunde, löscht der Fackeln Licht!
Die Wölfe rauben nicht mehr. Sanfter Tag
Zieht schön vor Phöbus' Rädern her und flicht
Schon Glanz dem Ost ins Grau, das noch verschlafen lag.
Euch allen Dank, verlasset uns, lebt wohl!
CLAUDIO: Nun, Meisters, geht nach Haus! – Schön guten Tag!
DON PEDRO: Nun kommt, wir wollen uns jetzt anders kleiden.
Und dann zu Leonato! Denn es tagt.
CLAUDIO: Und Hymen mag uns bessres Glück bescheiden,
Als dieses war, um das wir hier geklagt. *Beide ab*

4. Szene

Leonatos Haus.
Leonato, Beatrice, Margareta,
Ursula, Antonio, Pater und Hero

PATER: Sagte ich Euch nicht, sie sei unschuldig?
LEONATO: Doch auch der Prinz und Claudio sinds. Aus Irrtum
Beschuldigten sie sie, Ihr hörtets ja.
Nur Margareta hatte einige Schuld,
Doch gegen ihren Willen, wie sich zeigte,
Als alles klar wurde bei dem Verhör.
ANTONIO: Nun, ich bin froh, daß alles so gut ausgeht!
BENEDIKT: Ich auch, sonst hätte mich mein Wort gezwungen,
Den jungen Claudio hier zur Rechenschaft zu ziehn.
LEONATO: Nun, Tochter, und ihr guten Frauen alle,
Zieht euch zurück allein in euer Zimmer,
Und kommt mit Masken, wenn ich euch dann rufe.
Der Prinz und Claudio haben ja versprochen
Zu kommen jetzt. Du, Bruder, kennst dein Amt:
Du mußt den Vater deiner Nichte spielen
Und gibst dem jungen Claudio sie zur Frau. *Mädchen ab*
ANTONIO: Das will ich tun, mit ernsthaftem Gesicht.
BENEDIKT: Pater, auch ich werd Euch bemühen müssen.
PATER: Womit, Signor?
BENEDIKT: Ihr müßt mich binden, Pater,
Oder auflösen, ganz! – Ja, eins von beiden! –
Herr Leonato, edler Herr, im Ernst,
Euere Nichte sieht mich freundlichen Auges an.
LEONATO: Dies Auge lieh ihr meine Tochter! – Wirklich.
BENEDIKT: Und ich erwidre das mit liebendem Auge.
LEONATO: Und das hat seine Sehkraft wohl von mir
Und Claudio und dem Prinzen. Doch was wollt Ihr?
BENEDIKT: Euere Antwort, Herr, ist rätselhaft;
Doch was ich will? Ich will: Euer guter Wille
Soll unsrem beistehn, um noch heute uns
Zusammenfügen in den Stand der Ehe.
Drum, lieber Pater, brauch ich Eure Hilfe.
LEONATO: Von Herzen gern mein Ja!
PATER: Und meine Hilfe!
Hier kommt der Prinz und Claudio.

Don Pedro und Claudio mit Gefolge

DON PEDRO: Gut' Morgen dieser würdigen Versammlung!

LEONATO: Schön guten Morgen, Prinz! Gut' Morgen, Claudio!
Wir warten auf euch. Seid Ihr noch entschlossen,
Zu heiraten heut meines Bruders Tochter?

CLAUDIO: Ich bleib im Wort, und wär sie eine Mohrin!

LEONATO: So ruft sie, Bruder. Hier ist schon der Pater.

Antonio ab

DON PEDRO: Gut' Morgen, Benedikt. Ja, sagt, was gibts denn?
Was macht Ihr so ein Februargesicht,
So voller Frost und Wetter und Gewölk?

CLAUDIO: Ich glaub, er denkt wohl an den wilden Stier.
Nur Mut, Mann! Wir vergolden dir die Hörner,
Und über dich soll sich Europa freun,
Wie einst Europa sich am lustigen Zeus erfreute,
Der spielte edles Tier, wie du in Liebe heute!

BENEDIKT: Als Stier, Herr, hatte Zeus ein liebenswürdig Muh,
Und solch ein Stier sprang wohl auf Eures Vaters Kuh.
Von dieser edlen Tat ein Kälblein blieb dem Tier:
Das gleicht Euch sehr, Herr, denn es blökt wie Ihr.

Antonio kommt, Hero, Beatrice,
Margareta, Ursula, die Mädchen in Masken

CLAUDIO:
Das zahl ich Euch noch heim! Doch hier kommt andre Rechnung.
An welches Fräulein hab ich mich zu wenden?

ANTONIO: Hier, diese ist es, und ich geb sie Euch.

CLAUDIO: So ist sie mein! Liebste, laßt mich Euch sehen!

LEONATO: Nein. Ihr Gesicht nicht, eh Ihr ihre Hand
Nahmt vor dem Pater hier und Treu geschworen.

CLAUDIO: Gebt Eure Hand! Vor diesem würdigen Pater:
Ich bin Euer, Gemahl, wenn Ihr mich wollt.

HERO: Und als ich lebte, sollt ich Eure Frau sein.

Nimmt die Maske ab

Und als Ihr liebtet, solltet Ihr mein Mann sein.

CLAUDIO: Die zweite Hero!

HERO: Nichts ist so gewiß!
Die erste starb verleumdet, doch ich lebe
Und bin, so wahr ich lebe, eine Jungfrau.

DON PEDRO: Die erste Hero! Hero, die doch tot ist?
LEONATO: Sie starb nur, Herr, solang Verleumdung lebte.
PATER: Dies ganze Rätsel kann ich für Euch lösen.
Sobald die heilige Handlung erst vollbracht ist,
Erzähl ich Euch genau schön Heros Tod,
Einstweilen nehmt das Wunder als geschehen,
Und laßt uns gleich in die Kapelle gehen.
BENEDIKT: Herr Pater, halt! Welches ist Beatrice?
BEATRICE *(nimmt ihre Maske ab)*:
Ich hör auf diesen Namen. Was beliebt Euch?
BENEDIKT: Liebt Ihr mich nicht?
BEATRICE: Nein, Euch? Nicht mehr als billig.
BENEDIKT: So haben Claudio und der Prinz und Euer Onkel
Sich sehr getäuscht. Sie schwuren, daß Ihrs tut.
BEATRICE: Liebt *Ihr* nicht *mich*?
BENEDIKT: Ach nein; nicht mehr als billig.
BEATRICE: So sind meine Kusine, Margaret, Ursel
auch sehr getäuscht. Sie schwuren, daß Ihrs tut.
BENEDIKT: Sie schwuren mir, Ihr seid ganz krank um mich!
BEATRICE: Sie schwuren mir, Ihr seid fast tot um mich!
BENEDIKT: Nun, also nicht. Ihr liebt mich also nicht?
BEATRICE: Nein, nur aus Freundschaft und aus Dankbarkeit.
LEONATO: Kommt, Nichte! Ganz gewiß: Ihr liebt den Junker.
CLAUDIO: Und ich schwör jeden Eid, daß er sie liebt,
Denn hier ist ein Papier von seiner Hand,
Ein hinkendes Sonett aus seinem eignen Kopfe
Auf Beatrice.
HERO: Und hier ist ein zweites,
Von *ihrer* Hand, geraubt aus ihrer Tasche,
Das *ihre* Leidenschaft für *Benedikt* verrät.
BENEDIKT: Ein Wunder! Hier zeugen unsere eigenen Hände gegen unsere Herzen! – Komm, ich will dich haben! Aber bei des Himmels Licht, ich nehm dich aus Mitleid.
BEATRICE: Ich schlag Euch nicht aus. Aber bei diesem hellen Tag, ich füge mich nur auf großes Zureden, und auch, um Euch das Leben zu retten, denn man sagte, Ihr verzehrt Euch nach mir.
BENEDIKT: Still! Ich will Euch den Mund stopfen. *Küßt sie*
DON PEDRO: Was macht nun Benedikt, der verheiratete Mann?

BENEDIKT: Ich sag dir was, Prinz: ein ganzes Kollegium von Witzbolden kann mich nicht um meinen Humor bringen. Glaubst du, ich mache mir was aus einer Satire oder einem Epigramm? Nein. Wenn solche Hirngespinste Flecken gäben, dann könnt kein Mann was Ordentliches anziehn. Kurz, da ich entschlossen bin zu heiraten, so will ich verschlossen sein gegen alles, was die Welt dagegen sagen kann. Drum haltet mir auch nicht vor, was ich dagegen gesagt habe; denn der Mensch ist ein schwindliges Geschöpf, und damit basta! Was dich betrifft, Claudio, so dacht ich dich zu schlagen, aber nun, da wir wohl Vettern werden sollen, lebe mit heiler Haut und liebe meine Kusine!

CLAUDIO: Ich hatte gehofft, du würdest Beatrice ausschlagen. Dann hätt ich dich aus deinem ledigen Stand herausschlagen können, um aus dir nicht nur einen *sinnigen* Ehemann zu machen, sondern einen *doppel*sinnigen. Und so einer wirst du auch ohne Frage werden, wenn meine Kusine dir nicht genau auf die Finger sieht.

BENEDIKT: Kommt, kommt, wir sind Freunde! Laßt uns tanzen, bevor wir getraut werden, damit *wir* leichtere Herzen kriegen, und unsere *Frauen* leichtere Fersen.

LEONATO: Den Tanz wollen wir nachher haben.

BENEDIKT: Nein, vorher! Drum aufgespielt, Musikanten! Prinz, du bist so ernst! Nimm dir ein Weib, nimm dir ein Weib: Es gibt keinen ehrwürdigeren Stab als den, der mit Horn beschlagen ist!

Bote kommt

BOTE: Herr, Euer Bruder Don Juan ward ergriffen,
Man bringt ihn mit Bewachung nach Messina.

BENEDIKT: Denk nicht an ihn vor morgen. Ich will dir ordentliche Strafen für ihn ausdenken. – Pfeifer, spielt auf! *Tanz. Alle ab*

Die lustigen Weiber von Windsor

Personen

Sir John Falstaff
Fenton, ein junger Herr
Robert Seicht, Friedensrichter
Abraham Schwach, Seichts kluger Vetter
Frank Ford, George Page – zwei Bürger von Windsor
William Page, George Pages kleiner Sohn
Sir Hugh Evans, ein walisischer Pfarrer
Doktor Caius, ein französischer Arzt
Wirt des Gasthofs zum Hosenband
Bardolph, Pistol, Nimm – Falstaffs zweifelhafte Diener
Robin, Falstaffs Page
Simpel, Schwachs Diener
John Rugby, Diener des Doktor Caius
John, Robert – Meister Fords Diener
Mrs. Ford, Mrs. Page – die lustigen Weiber
Anne Page, George Pages Tochter
Mrs. Schnell, Haushälterin des Doktor Caius

Ort der Handlung: Windsor

Erster Akt

1. Szene

Windsor, vor dem Haus Pages.
Seicht, Schwach und Evans

SEICHT: Redet mir nichts, Sir Hugh, das bring ich vors Sternkammergericht! Und wenn er zwanzigmal Sir John Falstaff wär, das soll er sich nicht herausnehmen gegen Robert Seicht, Hochwohlgeboren!

SCHWACH: Friedensrichter in der Grafschaft Gloucester, sowie *coram.*

SEICHT: Ja, Vetter Schwach, und *custalorum.*

SCHWACH: Ja, und auch *ratolorum*, und ein Edelmann von Geburt, Herr Pfarrer, der sich *armigero* schreibt auf jeder Bulle, Bürgschaft, Quittung oder Verschreibung; *arm-i-ge-ro.*

SEICHT: Ja, das tu ich – und habs schon immer getan, allzeit, seit dreihundert Jahren.

SCHWACH: Alle seine Successoren, – die da vor ihm waren, – habens getan; und alle seine Ascendenten, – die nach ihm kommen, – dürfens:… den weißen Lachs. Ein Dutzend weiße Lachse dürfen sie in ihrem Wappenrocke tragen.

SEICHT *(stolz)*: Es ist ein uralter Wappenrock.

EVANS: Ein Tutzend weiße Läuse paßt sehr gut zu einem alten Rock; schreitende Läuse, tas nimmt sich gut aus. Es ist ein anhänglich Tier für den Menschen und pedeutet vertraute Liebe.

SEICHT *(kühl)*: Der Lachs ist ein Süßwasserfisch – *Eure* Tiere würden mir sauer werden.

SCHWACH: Ich kanns vierteilen, Vetter, nicht wahr?

SEICHT: Ja, wenn Ihr heiratet und die Wappen vereinigt.

EVANS: Ver-reinigt? Er verunreinigt ja, wenn er vierteilt!

SEICHT: Keine Rede davon.

EVANS: Ja, pei der Liebfrauen! Und wenn er ein Viertel tavon nimmt, tann pleiben für Euch nur drei, nach meiner einfaltigen Meinung. Ist aber alles eins… Wenn Sir John Falstaff Euch Verunklimpfungen zugefügt hat, so pin ich ja von der Kirche und werde mit Freuden mein Fohlfollen an Euch tuen und Euch miteinander versöhnen und kompromittieren.

SEICHT: Nein! Der hohe Rat solls erfahren! Das ist Aufruhr.

EVANS: Es keziemt sich nicht, taß der hohe Rat von einer Aufruhr erfahre; in einer Aufruhr ist keine Kottesfurcht. Der hohe Rat, seht doch, ter soll pegehren, von der Kottesfurcht zu erfahren, aber nicht von einer Aufruhr. Faßt tas doch aufs Auge!

SEICHT: Ha ... ich setz mein Leben dran! Wenn ich nur wieder jung wäre: das Schwert sollte es enden!

EVANS: Es ist pesser, Freunde sind tas Schwert und enden es ... Und tann hap ich auch noch einen anderen Sinn in meinem Kopf, der vielleicht kedeihliche Diskreditionen nach sich ziehen kann: Da is die Anne Page, was die Tochter des Herrn Keorg Page ist, und ein hüpsches Jungfrauenzimmer.

SCHWACH: Jungfer Anne Page? Mit den braunen Haaren, die fein spricht wie eine Dame?

EVANS: Ja, ebentieselbe, kerade recht, wie gewunschen für Euch, und siebenhundert Pfund Gelder, und Kolt und Silber tazu, von ihrem Großvater her, auf seinem Sterbepett – Gott verhelf ihm zu einer fröhlichen Auferstehung – hat ers ihr hintermacht, wenn sie siepzehn Jahre hinter sich zu bringen kapapel ist ... Es wäre ein kuter Kedanke, unseren Schnick und Schnack sein zu lassen und eine Vermählung zwischen Meister Apraham und Jungfer Anne Page zu begehren.

SEICHT: Hat ihr Großvater ihr siebenhundert Pfund hinterlassen?

EVANS: Ja, und ihr Vater macht ihr noch mehr Keld.

SEICHT: Ich kenne das junge Fräulein, sie hat sehr gute Gaben.

EVANS: Siebenhundert Pfunt und feitere Aussichten, tas ist sehr kute Kaben.

SEICHT: Schön, so wollen wir den guten Meister Page besuchen ... Ist Falstaff bei ihm?

EVANS: Soll ich Euch eine Lüke sagen? Ich verapscheu einen Lükner, wie ich einen verapscheu, ter falsch ist, oder einen, ter nicht wahrhaftig ist: Ter Ritter, Sir John, ist tort, unt ich fleh Euch an, laßt Euch raten von Euren wohlkemeinten Freunden! Ich will ans Tor klopfen nach Meister Page. *(klopft und ruft)* He! Kott segne Euer Haus!

PAGE *(von drinnen)*: Wer ists denn?

EVANS: Kottes Segen unt Euer Freund, und ter Richter Seicht, und auch ter junge Herr Schwach – ter Euch vielleicht noch was kanz pesonderes zu sagen haben wird, wenns Euch kefällt.

PAGE *(öffnet die Tür und kommt heraus)*: Freut mich, Euer Ehren alle wohlauf zu sehen! ... Ich danke Euch für mein Wildbret, Meister Seicht.

SEICHT: Meister Page, ich bin glücklich, Euch zu sehen; ich hoffe, es soll Euch das Herz erquicken. Ich wollt nur, Euer Wildbret wäre besser! – Es war schlecht geschossen… Wie geht es der werten Mistreß Page? – Und ich bin Euch allezeit von Herzen verbunden, ja, ja, von ganzem Herzen!

PAGE: Ich danke Euch, Sir.

SEICHT: *Ich* dank *Euch*, Sir, auf ja oder nein, wirklich.

PAGE: Freut mich, *Euch* zu sehen, mein lieber Meister Schwach!

SCHWACH: Wie befindet sich Euer gelber Windhund, Sir? Ich hab gehört, er sei beim Rennen in Cotswold überholt worden?

PAGE: Es konnte zu keinem Schiedsspruch kommen, Sir.

SCHWACH: Ihr wollts nur nicht zugeben!… Ihr wollts nur nicht zugeben!

SEICHT: Nein, er wills nicht. – 's ist Eure Schuld, 's ist Eure Schuld: es ist ein guter Hund.

PAGE: Ein Köter, Sir!

SEICHT: Sir, es ist ein guter Hund und ein schöner Hund – kann man da noch mehr sagen? Er ist »gut und schön«… Ist Sir John Falstaff hier?

PAGE: Er ist drinnen, Sir, und ich wollte, ich könnte zwischen Euch vermitteln.

EVANS: Tas ist kesprochen wie ein Kristenmensch.

SEICHT: Er hat mich beleidigt, Meister Page!

PAGE: Sir, das gesteht er bis zu einem gewissen Grade auch ein.

SEICHT: Daß er es eingesteht, heißt aber noch nicht, daß er dafür auch einsteht. – Versteht Ihr, Meister Page? Er hat mich beleidigt. Wirklich, auf mein Wort, glaubt mir: Robert Seicht, Hochwohlgeboren, erklärt sich beleidigt.

PAGE: Da kommt Sir John. *Sir John Falstaff, Bardolph, Nimm und Pistol kommen aus dem Haus*

FALSTAFF: Nun, Meister Seicht, Ihr wollt mich beim König verklagen?

SEICHT: Ritter, Ihr habt meine Leute verprügelt, mein Wild erlegt und mein Forsthaus erbrochen.

FALSTAFF: Aber doch nicht Eures Försters Töchterlein geküßt!

SEICHT: Ach, Flausen! Das schreit nach Antwort.

FALSTAFF: Die Antwort geb ich Euch gleich: Ja, ich hab das alles getan. Da habt Ihr die Antwort!

SEICHT: Der geheime Rat solls erfahren!

Falstaff: Für Euch wärs ein besserer Rat, wenn er geheim bliebe. Man wird Euch auslachen.

Evans: Pauca verba, Sir John, – kebt ein kutes Wort! Mir kraut vor Streit.

Falstaff: Kraut? Ein gutes Wort? Ein guter Krautkopf! Schwach, Euch hab ich den Kopf zerdroschen. Was kam dabei heraus gegen mich?

Schwach: Dabei kam genug heraus, meiner Seel, und ich hab davon auch noch genug im Kopf gegen Euch und Eure Hasendiebe, die Schurken Bardolph, Nimm und Pistol! Die haben mich in die Schenke geschleppt und zuerst mich voll und dann meine Taschen leer gemacht.

Bardolph: Du Dreistinkkäsehoch, du! *Zieht vom Leder*

Schwach: Ach, es spielt ja keine Rolle.

Pistol: Was ists, Mephostophilus? *(zieht ebenfalls vom Leder)* Stinkt nach Pech und Schwefel!

Schwach: Ach, es spielt ja keine Rolle.

Nimm *(stichelt ihn mit seinem Schwert)*: Ein Banbury-Käse, sag ich; pauca, pauca, eine Schnitte abschneiden! Das ist mein Humor!

Schwach *(verzweifelt)*: Wo ist mein Diener Simpel? Wißt Ihrs nicht, Vetter?

Evans *(tritt dazwischen)*: Frieden, ich pitt Euch … *(die drei ziehen sich zurück)* Nun laßt toch zu einem Verstand kommen. *(nimmt ein Notizbuch)* Es sind trei Schiedsrichter in tieser Sache, meines Fissens. *(schreibt)* Nämlich: Meister Page; *fidelicet* Meister Page; und tann ich selber; *fidelicet* ich selber; und tie tritte Partei ist schließlich und entlich der Kastwirt vom Hosenpand.

Page: Wir drei woll'n es anhören und ein End damit machen.

Evans: Prafo, ich will ein *promoria* davon in mein Püchlein schreiben, und wir wollen nachher die Sache pearbeiten, mit aller Tiskredition, tie wir vermögen. *Schreibt wieder*

Falstaff: Pistol!

Pistol: Er höret Euch mit seinen Ohren!

Evans *(blickt auf)*: Peim Teufel und seiner Kroßmutter! Was ist tas für eine Red': »Er höret Euch mit seinen Ohren«? He? Tas ist eine Affektioniertheit!

Falstaff: Pistol, habt Ihr Meister Schwachs Börse geleert?

Schwach: Ja, bei diesen Handschuhen, das hat er – oder ich will mein

Lebtag nicht mehr in meine eigene gute Stube kommen! Sieben Groschen in alten Sechsern, und zwei schwere Edwardsschillinge zum Beilkespiel, die mich zwei Schilling zwei Pence das Stück gekostet haben bei Yed Miller, so wahr das meine Handschuhe sind!

FALSTAFF: Habt Ihr das getan, Pistol? Ehrlich?

EVANS: Nein, tas ist nicht ehrlich getan, wenn es doch eine Taschentieberei ist!

PISTOL: Ha, du Gebirgsausländer! – Herr! Sir John!
Ich fordre dieses Blechschwert da zum Zweikampf!
Ich straf dich Lügen, dir in deine *labras*!
Ich straf dich Lügen: Lügner, Schaum und Abschaum!

SCHWACH: So wahr das meine Handschuhe sind, dann war *der* es.

Zeigt auf Nimm

NIMM: Seht Euch vor, Sir, spielt lieber gute Humore aus. Ich mache hui-schnapp mit Euch, wenn Ihr mir mit dem Nußknackerhumor kommt! – Das ist die Weise von dem Liedchen.

SCHWACH: Bei meinem Hut, dann wars der mit dem roten Gesicht. Denn wenn ich mich auch nicht mehr recht entsinnen kann, was ich getan hab, als ihr mich betrunken machtet, so bin ich doch nicht ganz und gar ein Esel.

FALSTAFF: Was sagt ihr dazu, Scharlachrot und John?

BARDOLPH: Sir, ich für mein Teil, ich sag, der Herr hat sich so betrunken, daß er seiner fünf Sünden nicht mehr mächtig war.

EVANS: Seiner fünf Sinnen, heißt es! Pfui, ist tas eine unkepildete Iknoranz!

BARDOLPH: Und als er voll war, Sir, da hat wohl, wie man sagt, einer einkassiert, und so sind schließlich seine Taler davongaloppiert.

SCHWACH: Ja, Ihr habt auch damals so ein kauderwelsches Latein gesprochen! – Aber es spielt ja keine Rolle. Ich will mich nie wieder in meinem Leben betrinken; außer in ehrenwerter, höflicher, gottgefälliger Gesellschaft. Wenn ich mich je wieder betrinke, dann will ich betrunken sein mit denen, die Gott fürchten, und nicht mit betrunkenen Tunichtguten.

EVANS: So sei Kott mir knädig, tas ist ein tugendhafter Sinn!

FALSTAFF: Ihr hört, daß alles in Abrede gestellt wird, Gentlemen. Ihr hört es selbst. *Anne Page kommt mit Wein aus dem Haus; gefolgt von Mrs. Page und Mrs. Ford*

PAGE: Nein, Tochter, trag den Wein hinein – wir trinken drinnen.

Anne gehorcht

SCHWACH: O Himmel, das ist Jungfer Anne Page!

PAGE: Wie geht es, Mistreß Ford?

FALSTAFF: Mistreß Ford, meiner Treu, wir treffen Euch zu sehr guter Stunde. Gestattet, werte Mistreß! *Küßt sie*

PAGE: Frau, heiße diese Gentlemen willkommen! Kommt, wir haben warme Wildbretpastete zu Mittag. Kommt, Gentlemen, ich hoffe, wir werden alle Unfreundlichkeiten hinuntertrinken.

Alle außer Schwach gehen ins Haus

SCHWACH: Ich gäbe vierzig Schilling, wenn ich jetzt mein Lieder- und Sonettenbuch bei mir hätt. *(Simpel kommt)* Ah, Simpel, wo steckst du denn? Soll ich denn mein eigener Diener sein, was? Du hast nicht das Rätselbuch bei dir, sag?

SIMPEL: Das Rätselbuch? Habt Ihr das denn nicht der Alice Butterkuchen geliehen, vorige Allerheiligen, vierzehn Tage vor Michaelis?

Seicht und Evans kommen Schwach suchen

SEICHT: Kommt, Vetter, kommt; Vetter, wir warten auf Euch... *(nimmt ihn am Arm)* Auf ein Wort, Vetter... Hört einmal an, Vetter... Da liegt sozusagen ein Antrag vor, eine Art Antrag, der, ganz indirekt, von unserem Sir Hugh ausgeht... Versteht Ihr mich?

SCHWACH: Ja, Sir, Ihr sollt mich vernünftig finden. Wenns dazu kommen sollte, so werde ich handeln, wie es die Vernunft gebietet.

SEICHT: Nein, versteht mich doch!

SCHWACH: Das tu ich ja, Sir.

EVANS *(von Schwachs anderen Seite)*: Gebt seinem Projekt Kehör, Meister Schwach, ich will Euch die Sache deskrepieren, wenn Ihr das Fassungsvermögen tafür hapt.

SCHWACH: Nein, ich will tun, was mein Vetter Seicht sagt. Bitte nichts für ungut – aber wenn ich auch ganz schlicht hier stehe, er ist Friedensrichter in seiner Grafschaft!

EVANS: Aber tas ist nicht tie Frage. Tie Frage ist, was Eure Heirat petrifft.

SEICHT: Ja, ja; das ist der kitzlige Punkt, Sir.

EVANS: Ja? Wahrlich, tas ist er! Haargenau der Punkt bei der Jungfer Anne Page.

SCHWACH: Nun, gut. Wenns so sein soll, – will ich sie heiraten... auf jede billige Aufforderung hin.

EVANS: Aber könnt Ihr tas Frauenzimmer auch affektionieren? Tas wollen wir von Euch wissen, aus Eurem eigenen Mund. Denn diverse Philosophen pehaupten, daß tie Lippen ein Teil tes Mundes sint. Taher, könnt Ihr tiesem Mädchen auch Eure Neigung kenau zutragen?

SEICHT: Vetter Abraham Schwach, könnt Ihr sie lieben?

SCHWACH: Ich hoffe, Sir, ich werde es zustandebringen, wie es sich für einen schickt, der vernünftig handeln möchte.

EVANS: Nein, pei allen Heiligen und Heiliginnen Kottes! Ihr müßt positierlich sagen, op Ihr Euer Verlangen auf sie werfen könnt.

SEICHT: Das müßt Ihr: ... Wollt Ihr sie heiraten, vorausgesetzt, daß ihre Mitgift gut ist?

SCHWACH: Ich will noch mehr als das tun, wenn Ihrs begehrt, Vetter, solange Ihr mir gute Gründe gebt.

SEICHT: Nein, versteht mich! Versteht mich doch, lieber Vetter! Was ich tue, geschieht ja Euch zuliebe, Vetter! Könnt Ihr das Mädchen lieben?

SCHWACH: Ich will sie heiraten, Sir, wenn Ihrs verlangt. Und ist auch vielleicht am Anfang die Liebe nicht groß, so kann der Himmel sie bei näherer Bekanntschaft ja diminuieren lassen, wenn wir erst verheiratet sind und mehr Gelegenheit haben, einander kennenzulernen. Ich hoffe, die Vertraulichkeit wird schon die Despektierlichkeit mit sich bringen. Aber wenn Ihr sagt, »heirate sie«, na, dann werde ich sie eben heiraten. Dazu bin ich aus freien Stücken dissolviert und dissolut.

EVANS: Tas ist eine sehr tiskrete Antwort. Pis auf tas Wort tissolut; tas Wort heißt in der richtigen Pedeutung »resolut«. Aber er ist rechten Sinnes.

SEICHT *(zögernd)*: Ja, ich glaube, mein Vetter ist rechten Sinnes.

SCHWACH: Ja, sonst wollt' ich mich doch in der Tat gleich hängen lassen! *Anne Page kommt zurück*

SEICHT: Da kommt die schöne Jungfer Anne. *(er verneigt sich)* Ich wollt, ich wäre jung; Euretwegen, Jungfer Anne!

ANNE *(knickst)*: Das Essen steht auf dem Tisch. Mein Vater bittet um Euer Ehren Gesellschaft.

SEICHT: Ich will ihm aufwarten, schöne Jungfer Anne.

EVANS: Um Kottes Willen unt Segen! Ich will toch peim Tischkepet nicht fehlen. *Ab. Seicht folgt ihm*

ANNE: Wird es Euer Ehren gefällig sein, einzutreten, Sir?

Schwach *(ziert sich)*: Nein – dank Euch von ganzem Herzen, in der Tat. Aber mir ist auch so ganz wohl.

Anne: Das Essen wartet auf Euch, Sir.

Schwach: Ich bin gar nicht hungrig, dank Euch, wirklich wahr… *(zu Simpel)* Geh, Bursche, obgleich du ja mein Diener bist, geh und bediene meinen Vetter Seicht… *(Simpel geht hinein)* Ein Friedensrichter kann sich schon gelegentlich von seinem Freund einen Diener ausborgen. Ich halte mir vorderhand bloß drei Bediente und einen Jungen, solange meine Mutter noch nicht tot ist. Aber was tuts? Ich lebe zwar bescheiden, aber doch wie ein geborener Edelmann.

Anne: Ich darf nicht hineingehen ohne Euer Ehren. Sie setzen sich nicht zu Tisch, eh Ihr kommt.

Schwach: Aber auf mein Wort, ich mag nichts essen. Ich danke Euch gleichwohl, als ob ich gegessen hätte.

Anne *(ungeduldig)*: Ich bitte Euch, Sir, geht hinein.

Schwach: Ja, ja, gehen möchte ich schon… aber lieber hier; spazieren gehen, danke Euch. Ich habe mir unlängst das Schienbein angestoßen, als ich einen Wettkampf auf Schwert und Dolch mit einem Fechtmeister unternahm, im Scherz natürlich nur, drei Gänge um eine Schüssel geschmorte Dörrpflaumen – und da ich meinen Kopf verteidigte, da traf er mich am Schienbein, und seither, glaubet mir, ist mir der Geruch von warmem Fleisch in der Seele zuwider. – Was bellen Eure Hunde so? Sind Bären in der Stadt?

Anne: Ich glaube ja, Sir. Ich habe von Bären reden hören.

Schwach: Die Bärenhetze, ja, das ist mein Leibspaß, aber ich fange dabei leichter Streit an als irgendein Mann sonst in England… Ihr fürchtet Euch, wenn Ihr den Bären losgelassen seht, nicht wahr?

Anne: Ja, allerdings, Sir.

Schwach: Also seht Ihr, für mich ist das einfach meine Leibspeise! Ich hab den berühmten Sackerson losgelassen gesehen, – zwanzigmal. Ich hab ihn an der Kette gepackt. Aber, ich sags Euch, die Weiber haben so geschrien und gekreischt, als ich das tat; gar nicht zu sagen… Überhaupt, die Weiber können sie nicht ertragen; es sind ja auch wirklich ganz garstige, zottige Dinger.

Page *(öffnet die Tür)*: Kommt, bester Meister Schwach! Kommt, wir warten auf Euch.

Schwach: Ich mag nichts essen, ich dank Euch, Sir.

PAGE: Potz Huhn und Himmelbraten! Ihr sollt keine Wahl haben, Sir! Kommt, kommt!

SCHWACH: Nein, bitte geht Ihr voran.

PAGE *(im Hineingehen)*: Kommt schon, Sir!

SCHWACH *(beginnt ihm nachzugeben, dreht sich dann aber um)*: Jungfer Anne, Euch gebührt der Vortritt.

ANNE: Nein, Sir, mir nicht! Bitte, nur zu!

SCHWACH: Nein, gewiß nicht, ich gehe nicht voran. Nein, meiner Treu, ich werde Euch doch nicht so zu nahe treten!

ANNE *(hält sich hinter ihm)*: Ich bitte Euch, Sir.

SCHWACH: Nun, so will ich lieber unhöflich sein als Euch ärgern. Aber, in der Tat, Ihr tretet Euch selbst zu nahe, auf Ehre.

Ab. Anne folgt ihm

2. Szene

Wie zuvor. Evans und Simpel erscheinen in der Tür

EVANS: Nun keh schon und frag nach tem Haus von Doktor Caius, wo es steht. Torten wohnt ein kewisse Mistreß Schnell. Sie ist seine – na, wie soll ich tas sagen – seine Pflegerin, nicht kerade seine Amme, sondern seine Aufwartefrau oder Haushälterin oder Küchenjungfrau, sozusagen; oder seine Wäscherin, tie was ihn seift und spült.

SIMPEL: Ja, Sir.

EVANS: Nein, es ist pesser, gar nicht... Kip ihr tiesen Prief, tenn tieses Weip kennt Jungfer Anne Page sehr kenau. Und tieser Prief soll sie pitten und auffordern, teines Herrn und Meisters Pewerbung um Jungfer Anne Page zu unterstützen. Ich pitt tich, mach schnell. Ich muß noch zu Ende kommen mit meinem Essen. Es kommen noch Äpfel und Chäse.

Simpel ab. Evans geht ins Haus

3. Szene

Zimmer im Gasthaus zum Hosenband. Falstaff, Wirt, Pistol, Nimm, Bardolph und Robin treten auf

FALSTAFF: Mein Wirt vom Hosenband!

WIRT: Was sagt mein eisenfressender Rabe? Sprich nur zu, weise wie ein Buch!

FALSTAFF: Die Wahrheit ist, mein Wirt, ich muß einige von meinem Gefolge loswerden.

WIRT: Schaff sie ab, Eisenherkules! Kassier sie; laß sie laufen! Trapp, trapp!

FALSTAFF: Ich sitze da um zehn Pfund die Woche.

WIRT: Du bist ein Monarch – ein Kaiser, ein Caesar, ein Zauser. Den Bardolph nehm *ich*; er soll anstechen, er soll zapfen. War das ein gutes Wort, mein großer Hektor?

FALSTAFF: Nimm ihn nur, mein lieber Wirt.

WIRT: Ich habe gesprochen. Heiß ihn folgen. *(zu Bardolph)* Ich will dich schäumen und kalken sehen. Ich bin ein Mann von Wort, folge mir. *Ab*

FALSTAFF: Bardolph, folg ihm! Das Bierzapfen ist ein gutes Gewerbe; ein alter Mantel gibt ein neues Wams, ein vertrockneter Lakai einen frischen Bierzapfer … Geh mit Gott!

BARDOLPH: Es ist ein Leben, wie ichs mir immer gewünscht hab. Es soll mir gut anschlagen.

PISTOL: Ha, schnöder ungarischer Wicht, willst du den Spund regieren? *Bardolph geht dem Wirt nach*

NIMM: Der ist im Trunk gezeugt worden. Sein Sinn ist nicht heroisch, und das ist der Humor davon … Ist das nicht ein vertrackter Humor?

FALSTAFF: Ich bin froh, daß ich diese Zunderbüchse auf gute Art los bin. Seine Diebereien waren zu offenkundig. Im Stehlen war er wie ein Sänger ohne Kunstfertigkeit: er wußte nicht den rechten Takt zu halten.

NIMM: Der rechte Humor ist, in einer Sechzehntelpause zu stehlen.

PISTOL: Aneignen, nennts der Weise … Stehlen? Pfui!
Für so ein Wort die Feige!

FALSTAFF: Ja, ihr Herren: ich bin nahezu mit den Sohlen durch.

PISTOL: Nun ja, so sind Frostbeulen im Anzug.

FALSTAFF: Hilft alles nichts. Ich muß Kaninchen fangen! Ich muß was unternehmen.

PISTOL: Die jungen Raben müssen Futter haben.

FALSTAFF: Wer von euch kennt den Ford hier in der Stadt?

PISTOL: Ich kenn den Wicht: ein Bürger von Substanz.

FALSTAFF: Meine ehrlichen Jungen, ich will euch sagen, was ich auf dem Herzen habe.

PISTOL: Zwei Zentner Speck und mehr.

FALSTAFF: Keine Sticheleien jetzt, Pistol!... Zwar, es ist wahr, ich trage wohl an die zwei Zentner, aber mir ist jetzt nicht nach Faulheit ums Herz, sondern nach Gelderwerb. Kurz gesagt, ich habe vor, eine Liebschaft mit Fords Weib anzufangen. Ich wittere Unterhaltung bei ihr. Sie diskutiert, sie kommt entgegen, sie zwinkert einladend. Ich kann mir den Sinn ihrer vertraulichen Rede sehr wohl konstruieren, und wenn mich mein Englisch nicht täuscht, lautet die schwierigste Passage: »Ich gehöre dem Sir John Falstaff.«

PISTOL: Er ist ihr ganz tief hinunter bis auf den Grund gegangen und hat dann ihren allerletzten Willen aus Ehrlichkeit ins Englische übersetzt.

NIMM: Der Anker steckt tief: wird dieser Humor ziehen?

FALSTAFF: Nun, es heißt, sie führt das Regiment über ihres Mannes Geldbeutel: und er hat eine ganze Legion Engel.

PISTOL: Ich sag: Wirb ebensoviel Teufel an,
und »Junge, auf sie drauf!«

NIMM: Gut! Der Humor steigt saftig, eine Lust! Erlustigt mir die Engel!

FALSTAFF: Ich hab mir hier einen Brief an sie aufgesetzt; und hier noch einen zweiten an Mistreß Page, die mir vorhin auch Augen gemacht und mich da und dort mit richtigen Kennerblicken gemessen hat. Zuweilen hat der Strahl ihres Blickes meinen Fuß vergoldet, zuweilen meinen stattlichen Bauch.

PISTOL: So strahlte auf den Misthaufen die Sonne.

NIMM: Ich dank dir für diesen Humor.

FALSTAFF: Ah, sie hat alles an mir mit so gieriger Absicht abgegrast, daß der Appetit ihres Auges mich so zu versengen schien wie ein Brennglas... Hier ist der zweite Brief, der an sie. Auch sie regiert den Beutel. Sie ist eine Region in Guiana: eitel Gold und Fülle und Überfluß... Ich will mich an alle beide heranfingern und sie mir erschließen. Ich will ihrer beider Schatz und Kämmerer sein, und die beiden Frauenzimmer sollen meine Schatzkammern sein. Mein Ost- und Westindien sollen sie sein, und handelseins will ich mit beiden werden… *(zu Pistol)* Geh, bring du diesen Brief der Mistreß Page, *(zu Nimm)* und du diesen der Mistreß Ford. – Uns wirds gut gehen, Jungen, uns wirds gut gehen!

PISTOL: Soll ich Sir Pandarus von Troja werden,
Dem Stahl zur Seite klirrt? Dann Luzifer, hol alles!

NIMM: Ich mag mich auf keinen schoflen Humor einlassen. Da, nehmt Euren Humorbrief, ich will die Dekoration eines sittsamen Betragens behaupten.

Beide werfen die Briefe auf den Tisch

FALSTAFF *(steht auf, zu Robin)*:
Halt, Bursche, trage *du* verläßlich diese Briefe.
Sei du mein Schiff nach jenen goldenen Küsten…
Fort, Schurken, schmelzt wie Hagel, packt euch, geht!
Schleicht euch, kriecht unter, hebt die Hufe, marsch!…
Falstaff lernt den Humor der neuen Zeit,
Ihr Schurken: die französische Sparsamkeit:
Ich und *ein* Page nur im Fältelkleid!

Er eilt wütend hinaus, gefolgt von Robin

PISTOL: Den Geiern dein Gedärm! Mit falschen Würfeln,
Gezinkten Karten schröpfst du arm und reich.
Mein Beutel klimpert, wenn du hungern wirst,
Phrygischer, schnöder Türk, du!

NIMM: Ich hab Operationen im Kopf, die vom Humor der Rache getränkt sind.

PISTOL: Willst du dich rächen?

NIMM: Ja, beim Firmament und seinem Stern!

PISTOL: Mit Witz? Mit Stahl?

NIMM: Mit beiderlei Humor ich!
Dem Page steck ich Humor von diesem Liebesspiel.

PISTOL: Und Ford, dem wird von mir bestellt,
Wie Falstaff, schnöder Ritter,
Sein' Taub' ihm raubt, sein Geld erhält,
Sein süßes Bett macht bitter.

NIMM: Mein Humor soll mir nicht abkühlen: Ich will Page in Brand stecken, daß er zum Gift greift! Die Gelbsucht will ich ihm in den

Leib jagen, denn der Aufruhr des Geistes ist gefährlich. Das ist mein wahrer Humor.

PISTOL: Du bist der Mars der Malkontenten! Ich steh dir bei: Vorwärts, marsch! *Beide ab*

4. Szene

Ein Zimmer im Haus des Doktor Caius. Mistreß Schnell, Simpel und Rugby treten auf

SCHNELL: He, John Rugby! *(Rugby tritt auf)* Ich bitt dich, geh zum Fenster und schau, ob du meinen Herrn, den Doktor Caius, kommen siehst. Denn wenn er kommt und jemand hier im Hause findet …, meiner Treu, dann wird dem lieben Gott seiner Geduld und dem König seinem guten Englisch wieder einmal übel mitgespielt.

RUGBY: Ich geh und paß auf.

SCHNELL: Geh, dafür wollen wir auch gleich heut nacht einen Trunk brauen, Gott helf mir, daß es wahr ist, sowie das Feuer niederbrennt. *(Rugby geht ans Fenster)* Ein ehrlicher, williger, guter Bursch, wie nur je einer in einem Haus dienen soll; und ich steh Euch dafür, kein Zuträger und kein Zankstifter. Sein größter Fehler ist nur, daß er so scharf aufs Beten ist. Darin ist er ein wenig empfindlich, aber ganz ohne Fehler ist halt niemand. Also solls durchgehn!… Peter Simpel, sagt Ihr, ist Euer Name?

SIMPEL: Ja, ich hab keinen bessern.

SCHNELL: Und Meister Schwach ist Euer Herr?

SIMPEL: Ja, gewiß.

SCHNELL: Nicht der, der einen großen runden Bart trägt, der ausschaut wie das Schabmesser von einem Handschuhmacher?

SIMPEL: Nein, gewiß nicht. Mein Herr hat nur ein kleines Milchgesicht mit einem winzigen gelben Bart, gelb wie ein Rohrstock.

SCHNELL: Ein sanfter, friedfertiger Mann, ja?

SIMPEL: Ja, gewiß, aber er ist Euch so schnell mit den Fäusten bei der Hand, wie nur einer von seiner Größe. Er ist sogar schon einmal mit einem Flurschützen handgemein geworden!

SCHNELL: Was Ihr nicht sagt, hundsgemein? Ah, jetzt erinnere ich mich seiner. Wirft er nicht so ein wenig den Kopf zurück und stolziert so, wenn er geht?

SIMPEL: Ja, ja, gewiß; das tut er.

SCHNELL: Na schön, da soll nur der Himmel meiner kleinen Anne Page nichts Schlimmeres bescheren! Sagt dem Herrn Pfarrer Evans, ich will für Euren Herrn tun, was in meiner Macht steht: Anne ist ein gutes Mädchen, und ich wünsche…

RUGBY *(ruft vom Fenster)*: O weh, da kommt der Herr!

SCHNELL: Jetzt gehts über uns alle her … Rasch da hinein, lieber Junge, in dieses Kabinett. *(sie sperrt Simpel ins Kabinett ein)* Er wird nicht lange bleiben … *(ruft laut)* He, John Rugby! John, he, John, sag ich! *(Caius tritt auf. Sie tut, als hätte sie ihn nicht gesehen)* Geh, John, erkundige dich nach meinem Herrn. Ich bin besorgt, daß ihm nicht wohl ist, weil er gar nicht heimkommt. *(singt)* Und hinab, hinab, ja tief hinab…

CAIUS *(mißtrauisch)*: Was tu Sie sing? Ik nik leid solke Kindereien. Bitt Sie, geh Sie dok und 'ol mir aus meine Kabinett un boitier vert, ein Büchsen, ein grüne Büchsen. *(gereizt)* Versteh was ik sprek? Ein grüne Büchsen.

SCHNELL: Ja, gewiß, ich hol sie Euch… *(zu Rugby)* Ich bin froh, er ist nicht selbst hineingegangen. Wenn er den jungen Mann gefunden hätt, er wäre Euch horntoll geworden.

Sie geht zum Kabinett

CAIUS *(wischt sich die Stirne)*: Fe, fe, fe, fe! Ma foi, il fait fort chaud. Je m'en vais à la cour – la grande affaire.

SCHNELL *(kommt mit einer grünen Schachtel)*: Ist es die, Sir?

CAIUS: Oui, mette le au mon Tasche, dépèche Schnell … Wo ist das Schelm Rugby?

SCHNELL: He, John Rugby! John!

RUGBY *(tritt vor)*: Hier, Sir!

CAIUS: Ihr sein John Rugby und Ihr sein Jack Rugby! Komm, nehm Eure Rapier und folg mik auf der Fusse nak den 'of.

RUGBY *(öffnet die Tür)*: Ist schon da, Sir, hier im Vorzimmer.

CAIUS: Mein Treu, ik verzöger zu lang. 'immel! Qu'ai-joublíê! *(läuft zum Kabinett)* Da sind etlik simpel 'eilkrauten in mein Kabinett, das ik nik will lassen zurück für all der Welt.

SCHNELL: Ach, du mein! Jetzt findet er den Jungen drin und wird wild.

CAIUS *(entdeckt Simpel)*: I diable, diable! Was is in meine Kabinett? Spitzenbuberei! Larron! *(schleppt ihn heraus)* Rugby, meine Rapier!

SCHNELL: Bester Herr, gebt Euch zufrieden!

CAIUS: Warum soll ik geben sufrieden?

Schnell: Der junge Mann da ist ein ehrlicher Mann.

Caius: Was hat die ehrlik Mann zu tun in meine Kabinett? Es gibt nikt ehrlik Mann, das kommt in meine Kabinett!

Schnell: Ich fleh Euch an, schäumt nicht so über, hört Euch die Wahrheit an! Er kam mit einem Auftrag zu mir, vom Pfarrer Hugh.

Caius: Gut?

Simpel: Ja, gewiß: Ich sollte sie bitten, um …

Schnell: Still, ich bitt Euch!

Caius: Still, ick bitt Euk Eure *eigene* Zunge! … Sprekt *Ihr* Eure Geschicht!

Simpel: … um dieses ehrenwerte Frauenzimmer, Eure Hausjungfer, zu bitten, daß sie bei Mistreß Anne Page ein gutes Wort einlegt … von wegen seiner Brautwerbung.

Schnell: Das ist alles, ja, wirklich. Seht Ihr. Aber mir fällt nicht ein, mir die Finger dran zu verbrennen. Ich hab so was gar nicht nötig.

Caius: Sir 'ugh schiken Euk? Le pasteur? – Rugby, baillez-moi hetwas Papier … *(zu Simpel)* Wartet Ihr eine kleine Moment.

Setzt sich an seinen Tisch und schreibt

Schnell *(zieht Simpel zur Seite)*: Ich bin froh, daß er so ruhig ist. Wenn er sich richtig aufgeregt hätt', da hättet Ihr gehört, wie laut er sein kann und wie melancholisch! … Aber macht Euch nichts draus … (ich sags Euch nur ins Ohr, denn ich darf kein Wort davon sagen) mein Herr ist selber verliebt in Jungfer Anne Page; aber das ist alles eins: ich weiß, was Anne denkt, da wird sowieso nichts draus.

Caius *(steht auf und faltet den Brief)*: Ihr 'ansnarr, geben diesen Billet an Sir 'ugh! Pardieu, es ist eine 'erausforderung. Ik will ihm sein 'als habschneiden in de Park, ik will lehr ein räudige 'ansnarr von Pfarrer, sich su mische ein und dazwischen! Ihr könn gehn! Es is nix gut für Euk, wenn Ihr bleibt 'ier. *(Simpel ab)* Pardieu, ik will ihm habschneiden halle seine zwei Steine. Pardieu, es soll ihm nicht bleiben eine einzige Stein, su schmeiß nak sein 'und!

Schnell: Aber er spricht doch nur für seinen Freund!

Caius *(fährt auf sie los)*: Das tute nix mik kümmern! 'aben *Ihr* nik gesagt, daß *ik* soll 'aben Anne Page für mir selb? Pardieu, ik will totmaken kaputt das Pfarrerpfaffen! … Und ik 'aben aufbetragt den 'errn Wirt zum 'osenband zu mess' unsere Waffen. Pardieu, ik will 'aben Anne Page für *mir*!

Schnell: Sir, das Mädchen liebt Euch, und es wird alles gut gehen. Wir müssen die Leute eben ihren Klatsch haben lassen … *(er ohrfeigt Schnell)* Klatsch?! Da hat mans!

Caius: Rugby, komm mit mik, zu 'of! *(zu Schnell)* Pardieu, wenn ik nik krieg Anne Page, ik schmeiß Euk Eure Kopf aus meine Haus. Folg mik auf den Fersen, Rugby. *Eilt mit Rugby hinaus*

Schnell: Ihr sollt Anne kriegen! *(Tür fällt zu)* Oder was beißt mich! – Anne für so einen Eselskopf wie Ihr!… Nein, dazu weiß ich zu gut, was Anne denkt. In ganz Windsor weiß keine besser, was Anne denkt, oder kann mehr bei ihr durchsetzen, Gott seis Dank!

Fenton *(von draußen)*: Ist wer drinnen, he?

Schnell: Ah, wer ist denn das? Kommt doch näher her! Nur herein, wenn ich bitten darf! *Fenton öffnet die Tür und tritt ein*

Fenton: Nun, liebe Frau, wie gehts Euch?

Schnell: Wenn Euer Gnaden geruhen, danach zu fragen, gleich um soviel besser.

Fenton: Wie stehts, was macht die reizende Mistreß Anne?

Schnell: Da sagt Ihr die Wahrheit, Sir; sie ist wirklich reizend; und brav und artig dazu. Und sie ist Euch gut, das kann ich Euch ganz beiläufig sagen, dem Himmel sei Lob und Dank dafür.

Fenton: Werde ichs auch erreichen, glaubst du? Wird meine Werbung nicht vergeblich sein?

Schnell: Fürwahr, Sir, das ist alles in dem da oben seinen Händen. Aber ganz egal, Meister Fenton, ich kanns Euch schwören aufs Buch, sie liebt Euch. Haben Euer Gnaden nicht eine Warze da über dem Auge?

Fenton: Ja, allerdings, aber was soll das?

Schnell: Ja, davon gäbs was zu erzählen … Du, meine Treu, das ist auch eine, die Anne! Aber … ich detestiers Euch, keine bravere Jungfrau hat je Brot geschnitten. Eine Stunde lang haben wir uns unterhalten über diese Warze. Ich kann gar nicht lachen, als wenn ich bei dem Mädchen bin: Nur, freilich, sie ist zu sehr der Allicholie ergeben und der Grübelhastigkeit. Aber was Euch betrifft … Ja, ja! Nur drauf und dran!

Fenton: Gut, ich werde sie heute noch sehen. Wart … das ist etwas für dich *(gibt ihr Geld)* und leg ein gutes Wort für mich ein, wenn du sie vor mir siehst; empfiehl mich …

Schnell: Und ob! Ja, meiner Treu, das wollen wir tun, und Euer Gnaden erzähl ich nächstes Mal, wenn wir wieder eine Konfidenz miteinander haben, mehr von der Warze und auch von anderen Bewerbern.

FENTON: Gut, lebt wohl, ich bin jetzt in großer Eile.

SCHNELL: Lebt wohl, Euer Gnaden … wirklich, ein rechtschaffener Gentleman. Aber Anne liebt ihn nicht; und ich weiß so gut, was Anne denkt, wie nur irgendwer sonst!… Ei, daß doch gleich…! Was hab ich schon wieder vergessen?! *Sie eilt hinaus*

Zweiter Akt

1. Szene

Straße.
Mistreß Page mit einem Brief in der Hand

MRS. PAGE: Was, bin ich in der Blütezeit meiner Schönheit Liebesbriefen entgangen, und jetzt soll ich eine Zielscheibe für sie sein? Na, sehn wirs an! *Sie liest*

»Fragt mich nach keinem vernünftigen Grunde, warum ich Euch liebe, denn obwohl Liebe die Vernunft als ihren Bußprediger gebraucht, gestattet sie ihr doch nicht, ihr Geheimer Rat zu sein… Ihr seid nicht jung, doch ich bins auch nicht: wohlan denn, hier ist Sympathie … Ihr seid lustig, ich bins auch: ha ha! Dies ist also noch mehr Sympathie. Ihr liebt den Wein, ich auch: Könnt Ihr eine vollendetere Sympathie verlangen? Laß Dir das genügen, Mistreß Page, wenigstens wenn Dir die Liebe eines Soldaten genügen kann: daß ich Dich liebe. Ich will nicht sagen, hab Erbarmen mit mir, denn das ist kein Wort, das eines Soldaten würdig ist, sondern ich sage: liebe mich.«

Das sagt Dir ich, Dein Ritter treu, bei Tag und Nacht aufs neu,
Bei keinem Lichte scheu, das meine Pflicht erfreu,
Die für Dich ficht stets treu.

John Falstaff

Was das für ein Herodes von Judäa ist! O böse, böse Welt! Einer, der vor Alter schon fast auseinandergeht, und spielt den jungen Galan! Was in drei Teufels Namen hat dieser vlämische Säufer an meinem Benehmen oder aus meiner Konversation Ungehöriges herausgespürt, daß er es wagt, mich auf diese Art zu versuchen? Wirklich, er hat mich noch keine drei Mal gesehen. Was soll ich ihm da sagen? Ich war doch jedes Mal maßvoll in meiner Lustigkeit, der Himmel verzeih mir!... Meiner Treu, ich will einen Gesetzantrag im Parlament einbringen lassen, daß die Mannsbilder abgeschafft werden sollen!... Wie kann ich mich an ihm rächen? Denn Rache muß sein, so wahr seine Innereien aus Wackelpudding gemacht sind!

Mistreß Ford taucht auf

MRS. FORD: Mistreß Page! Meiner Treu, gerade wollt ich zu Euch ins Haus kommen.

MRS. PAGE: Und meiner Treu, ich wollt gerade zu Euch... Ihr seht aber heut gar nicht gut aus!

MRS. FORD: Nein, nein, das glaub ich nie und nimmer! Ich kann das Gegenteil beweisen!

MRS. PAGE: Aber, meiner Treu, Ihr seht wirklich nicht gut aus! Ich meine es ehrlich.

MRS. FORD: Also gut, Ihr sollt recht haben, doch sag ich Euch, ich könnt Euch das Gegenteil beweisen. Mistreß Page, gebt mir doch Euren Rat!

MRS. PAGE: Was ist denn los, meine Liebe?

MRS. FORD: Ach, meine Liebe, wenns nicht einen kleinen Haken hätte, so könnt ich zu so hohen Ehren kommen!

MRS. PAGE: So hängt den Haken an den Haken und greift nach der Ehre! Was für eine Ehre denn? Weg mit dem Haken! Was sind das denn für Haken?

MRS. FORD: Nur auf einen Augenblick der Ewigkeit müßte ich in die Hölle fahren... und ich könnte zu einer Ritterin geadelt werden!

MRS. PAGE: Was? Du lügst! Sir Alice Ford?! Diese Rittertitel sind Flittertitel... Deshalb solltest du nicht deinen Stand ändern.

MRS. FORD: Das ist klar wie Kerzenlicht am hellen Tag! *(sie gibt ihr einen Brief)*... Da, lies! Lies und sieh selber, wie ich geadelt werden könnte. Desto schlechter werde ich von jetzt ab von dicken Männern denken, solang ich Augen hab, zu unterscheiden, was zwei Mannsbilder wollen. Und doch, er hat nicht geflucht, er hat die Sittsamkeit der Frauen gerühmt, und er hat so artig und manierlich gegen alles Unschickliche gesprochen, daß ich geschworen hätte, sein ganzes Wesen beweist die Wahrheit seiner Worte. Aber die passen nicht besser zueinander als der Hundertste Psalm zum Liedchen von der Jungfer mit den grünen Ärmeln... Meiner Treu, was ist das für ein Sturm, der diesen Walfisch mit so viel Tonnen Öl in seinem Schmerbauch hier bei Windsor an den Strand geworfen hat? Wie soll ich mich an ihm rächen? Ich glaube, am besten wärs, ihn mit Hoffnung hinzuhalten, bis ihn das böse Feuer der Lust in seinem eigenen Tran gebraten hat... Habt Ihr schon je sowas gehört?

MRS. PAGE *(hält die zwei Briefe nebeneinander)*: Buchstäblich Wort für Wort, nur, daß die Namen verschieden sind, Page und Ford... Da: – das soll dir aber ein großer Trost sein in diesem Mysterienspiel der schlechten Meinungen von uns Frauen: Da hast du den Zwillingsbruder deines Briefes! Aber der deine soll als erster sein Erbteil erhalten; denn das schwör ich dir, der meine solls nicht! Ich wette, der hat tausend oder noch mehr solche Briefe, alle mit einer leeren Stelle für die verschiedenen Namen – und die unseren sind schon von der zweiten Auflage. Ganz gewiß, der läßt sie noch drucken, denn ihm ists gleich, was er unter seine Presse bringt, wenn er uns doch beide unterkriegen will. Da wollt ich noch lieber eine Riesin sein und unter dem Berg Pelion liegen! Ja, ja, ich will Euch noch eher zwanzig treulose Turteltauben finden, als nur einen einzigen keuschen Mann!

MRS. FORD *(nimmt Mistreß Pages Brief)*: Nein, wirklich, genau derselbe... dieselbe Handschrift, dieselben Worte! Was denkt er nur von uns?

MRS. PAGE: Nein, das weiß ich auch nicht! Es hat mich fast soweit gebracht, an meiner eigenen Ehrbarkeit zu zweifeln. Ich sehe mich da wie eine, die ich noch gar nicht kennengelernt habe, denn, wirklich, wenn er mich nicht von einer Seite kennt, von der ich mich nicht einmal selber kenne, wie hätte er es dann gewagt, mich mit solcher Wut zu entern?

MRS. FORD: Entern nennt Ihr das? Na, *diesen* Piraten werde ich mir aber schön *über* Deck halten.

MRS. PAGE: Ich auch. Wenn der mir unter die Luken kommt, so will ich nie wieder in See stechen... Wir müssen uns an ihm rächen! Machen wir mit ihm ein Stelldichein aus, etwas, was ihn in seinem Werben ermutigt: und dann ziehn wirs mit feinem Köder in die Länge und lassen ihn zappeln, bis er dem Wirt zum Hosenband seine Pferde verpfändet hat.

MRS. FORD: Gut, ich bin gegen ihn zu jeder Schandtat bereit, so lang sie nur nicht den leisesten Schatten auf unseren guten Ruf wirft: O, daß doch mein Mann diesen Brief sehen könnte! Das würde seiner Eifersucht Nahrung geben auf ewige Zeit!

MRS. PAGE: Ach, seht doch, da kommt er eben; und mein guter Mann auch; der ist von Eifersucht so weit entfernt, wie ich davon, ihm Grund dazu zu geben – und das ist hoffentlich eine unermeßliche Entfernung!

MRS. FORD: Da seid Ihr glücklicher als ich.

MRS. PAGE: Also wollen wir uns miteinander beraten gegen diesen fetten, schlüpfrigen Ritter. – Kommt hierher.

Sie ziehen sich zurück.

Ford und Pistol, Page und Nimm kommen

FORD: Nun... ich hoffe nur, daß das nicht stimmt.

PISTOL: Hoffnung kann auch ein Jagdhund ohne Schwanz sein:
Sir John begehrt dein Weib!

FORD: Doch, Sir, mein Weib ist gar nicht jung.

PISTOL: Er buhlt um hoch und niedrig, reich und arm,
Um jung und alt, eins wie das andre, Ford!
Er liebt den Mischmasch – Meister Ford, erwäge!...

FORD: Daß er mein Weib liebt!

PISTOL: Mit glühend heißer Leber: Hindre ihn, sonst geh
Wie Herr Aktaeon, der zum Hirsch gehörnt ward,
Umkläfft von Hunden, die ihm auf den Fersen...
Verhaßtes Wort!

FORD: Welches Wort, Sir?

PISTOL: Die Hörner, sag ich Euch, die Hörner!... Lebt denn wohl!
Paßt auf, mit offenem Aug, denn Diebe schleichen nachts...
Paßt auf, vor Früh, der Hahn kommt an die Reih
Und kräht, und Spatzen pfeifen von den Dächern.
Kommt mit, Sir Korporal Nimm! *Zu Page*
Glaubt ihm, er spricht vernünftig.

Pistol stolziert davon

FORD *(beiseite)*: Ich will Geduld haben. Ich will dahinter kommen.

NIMM *(zu Page)*: Und das ist wahr: Ich hab nichts übrig für den Humor des Lügens. Er hat mich in etlichen Humoren beleidigt. Ich hätte ihr diesen humorerfüllten Brief überbringen sollen, aber ich habe ein Schwert, und das solls beweisen, wenns mir nottut. Er liebt Euer Weib, und das ist das Um und Auf von der Geschicht!

Mein Nam' ist Korporal Nimm; ich sprech und sekundier es.
Mein Nam' ist Nimm: Falstaff liebt Euer Weib!
... Adieu. Ich liebe den Brot- und Käsehumor nicht, und das ist der Humor davon!... Adieu.

Er geht Pistol nach

PAGE: »Der Humor davon«, sagt er! Ein Kerl, der den Humor vor Schrecken um den Verstand brächte!

FORD: Ich will mir Falstaff vornehmen.

PAGE: Ich hab noch nie einen Gauner so affektiert daherreden gehört.

FORD: Wenn ich finde, daß es wirklich wahr ist... na, dann...

PAGE: Ich *will* einem solchen Chinesen nicht glauben; nicht einmal, wenn ihn der Stadtpfarrer als ehrlich empfiehlt!

FORD: Es war doch ein guter, verständiger Geselle... hm.

Mistreß Page und Mistreß Ford kommen

PAGE: Ah, Meg!

MRS. PAGE: Wo gehst du hin, George? Hör mal.

MRS. FORD: Ah, liebster Frank? Warum so melancholisch?

FORD: Ich melancholisch? Ich bin nicht melancholisch. Du geh nach Haus! Geh! *Er wendet sich ab*

MRS. FORD: Meiner Treu, du hast aber wieder Grillen im Kopf!... Kommt Ihr mit, Mistreß Page?

MRS. PAGE: Freilich... Du kommst doch zum Essen, George? *(sagt Mistreß Ford ins Ohr:)* Seht, wer da kommt! Die soll unsere Botin an den sauberen Ritter sein.

MRS. FORD: Ja, an die hab ich auch schon gedacht, glaubt mir. Sie ist gerade recht dafür.

Mistreß Schnell kommt

MRS. PAGE: Ihr kommt meine Tochter Anne sehen?

SCHNELL: Freilich ja; und wie gehts ihr denn, der guten Jungfer Anne, wenn ich fragen darf?

MRS. PAGE: Kommt mit uns herein und seht selbst. Mit Euch wollen wir auch ein Stündchen plaudern. *Sie gehen hinein*

PAGE: Nun, Meister Ford?

FORD *(reißt sich zusammen)*: Ihr habt gehört, was mir der Kerl gesagt hat, nicht wahr?

PAGE: Ja, und Ihr habt gehört, was mir der andere gesagt hat?

FORD: Glaubt Ihr, sie haben die Wahrheit gesagt?

PAGE: Ach, diese Galgenstricke! Ich glaube nicht, daß der Ritter sich so etwas herausnehmen würde. Aber die ihm das anhängen, daß er hinter unseren Weibern her ist, sind ein paar von seinen entlassenen Leuten … Die reinen Spitzbuben, jetzt, da sie ohne Dienst sind!

FORD: Waren das *seine* Leute?

PAGE: Ja, das schon.

FORD: Dadurch wirds aber auch nicht besser, würde ich meinen. Wohnt er im Hosenband?

PAGE: Ja, freilich, dort wohnt er. Wenn er wirklich auf die Meinige Kurs hält, so würde ich ihr freien Lauf lassen. Was er dann mehr von ihr kriegt als gesalzene Worte, das nehm ich auf meinen Kopf.

FORD: Ich bin gar nicht mißtrauisch gegen meine Frau … Aber das ginge mir doch sehr gegen den Strich, daß sie mit ihm beisammen sein sollte … Es kann einer auch zu selbstsicher sein … Ich will *nichts* auf meinen Kopf nehmen … So einfach geb ich mich nicht zufrieden. *Der Wirt kommt eilig näher, in einigem Abstand gefolgt von Seicht*

PAGE: Schaut, da kommt dieser Schwadroneur, der Hosenbandwirt! Dem ist entweder der Wein zu Kopf gestiegen oder Geld in den Beutel gefallen, wenn er so fröhlich dreinschaut … Schön guten Tag, Meister Wirt!

WIRT: Guten Tag, mein Eisenfresser! Du bist ein Gentleman. *(dreht sich um und ruft)* Cavaliero Friedensrichter, komm mal her!

SEICHT *(außer Atem)*: Ich komm schon, Herr Wirt! ich komm schon. Viel schönen guten Abend, bester Meister Page! Meister Page wollt Ihr mit uns kommen, wir haben einen Spaß vor.

WIRT: Sags ihm nur, Cavaliero Friedensrichter! Sags ihm, Eisenfresser!

SEICHT: Sir, es soll ein Duell stattfinden, zwischen Sir Hugh Evans, dem Pfarrer aus Wales, und Caius, dem französischen Doktor.

FORD: Mein bester Hosenbandwirt, auf ein Wort mit Euch.

WIRT: Was gibts denn, mein Eisenfresser?

SEICHT *(zu Page)*: Kommt Ihr mit zusehen? Unser lustiger Wirt hat den Unparteiischen gespielt, hat ihre Waffen gemessen, und dann hat er sie, meines Wissens, an zwei verschiedene Plätze bestellt, denn, glaubt mir, ich höre, daß mit diesem Pfarrer nicht zu spaßen ist. Aber hört, ich will Euch sagen, was *unser* Spaß sein soll.

Sie gehen beiseite und reden miteinander

WIRT: Du willst doch nicht Klage führen gegen meinen Ritter, gegen meinen adligen Gast?

FORD: Nein, seid beruhigt! Aber ich will Euch zwei Quart Sherry geben, wenn Ihr mich ihm vorstellt und ihm sagt, mein Name sei Bach... Nur zum Spaß.

WIRT: Meine Hand drauf, mein Guter! Du sollst Eingang und Ausgang bei ihm haben, Egress und Regress. Hab ich das nicht gut gesagt? – Und dein Name soll Bach sein... Er ist ein lustiger Ritter... Kommt ihr, Monsieurs? *Schickt sich an, zu gehen*

SEICHT: Nehmt mich mit, Herr Wirt!

PAGE: Ich hab gehört, der Franzose versteht sein Rapier gut zu gebrauchen.

SEICHT: Pah, Sir! Davon könnt ich Euch soviel mehr berichten. Heutzutage steht man auf Distanz, da macht man seine Ausfälle, Paraden, und was weiß ich sonst noch... Aufs Herz kommts an, Meister Page; da sitzt das, da! Ich hab Zeiten erlebt, da hätt ich Euch mit meinem langen Schwert vier große Kerle zugleich hüpfen gemacht wie die Ratten.

WIRT: He, Jungen, da kommt her, wolln wir uns trollen?

PAGE: Ich komm mit Euch... Ich will sie lieber schimpfen als fechten sehen. *Seicht und Page folgen dem Wirt nach*

FORD: Auch wenn dieser Page so ein selbstsicherer Narr ist und auf seines Weibes schwache Tugend so fest baut ... Ich kann doch meine Meinung nicht so leicht aufgeben. Sie war in Pages Haus in seiner Gesellschaft... Und was sie dort getrieben haben, das weiß ich nicht... Gut, ich will mir das genauer ansehen, und ich hab schon eine Verkleidung, um Falstaff auszuhorchen ... Wenn ich mein Weib treu finde, so war meine Mühe nicht umsonst. Wenn aber nicht, so wars erst recht der Mühe wert. *Ab*

2. Szene

Im Gasthaus zum Hosenband. Falstaff und Pistol treten auf

PISTOL: Ich zahl die Summe dir zurück auf Raten.
FALSTAFF: Ich leihe Ratten keinen Groschen mehr.
PISTOL: Wohlan, so ist die Welt denn meine Auster,
Die ich mir öffnen will mit meinem Schwert!

Falstaff: Keinen Groschen. Ich habs gut sein lassen, Sir, daß Ihr meine Ansehnlichkeit als Pfand mißbraucht habt; dreimal hab ich meine guten Freunde belästigt, um eine Galgenfrist für Euch und Euren Bettgesellen Nimm herauszuschinden. Sonst hättet Ihr durch ein Gitter gucken können, wie ein Doppelgestirn von Pavianen! Ich bin zur Höllenpein verdammt, weil ich meinen Freunden, lauter edlen Herren, falsche Eide geschworen habe, daß ihr gute Soldaten und tüchtige Burschen seid ... und als Mistreß Bridget den Griff von ihrem Fächer nicht mehr finden konnte, da hab ichs auf meine Ehre genommen, daß du ihn nicht hast.

Pistol: Wir teilten halb und halb!
Nahmst du nicht fünfzehn Groschen?

Falstaff: Vernunft, du Schuft, Vernunft! Glaubst du, ich werde mein Seelenheil nur um Gotteslohn aufs Spiel setzen? Schade um jedes Wort! Häng nicht mehr an mir herum, ich bin kein Galgen für dich ... Geh! Ein kurzes Messer und eine Menschenmenge, und dann scher dich fort auf dein Gut mit Namen Beutelschnitt ... – Geh! ... Brief willst du keinen für mich austragen, du Schuft! Da kommst du mir mit deiner Ehre! Was, du bodenlose Niedertracht, wo ich doch schon gerade genug Scherereien habe, meine eigene Ehre schön in Zucht zu halten ... Ja, ja, ich selbst muß ja auch manchmal die Furcht des Herrn links liegenlassen, meine Ehre in den Mantel meiner Notdurft hüllen und schleichen, im Hinterhalt liegen oder einen verzweifelten Ausfall unternehmen ... Aber du, du Schurke, du willst deine Lumpen, deine verstohlenen Luchsblicke, deine Wirtshausprahlereien und deine Kegelbahnflüche unter dem Dach deiner Ehre verschanzen? Du tust nicht, was ich dir auftrage? Du!

Pistol: Ich gebe nach. Was mehr willst du vom Manne.

Robin tritt auf

Robin: Sir, eine Frau ist hier, sie will Euch sprechen.

Falstaff: Laßt sie nähertreten. *Mistreß Schnell tritt ein*

Schnell *(knickst)*: Einen schönen guten Morgen, Euer Gnaden.

Falstaff: Gut Morgen, gute Frau.

Schnell: Nicht doch, mit Euer Gnaden Verlaub!

Falstaff: Nun, also: gute Jungfer.

Schnell: Ja; drauf schwör ich gar!
Wies meine Mutter war, als sie mich einst gebar.

Falstaff: Wer schwört, dem glaube ich. Nun, was wollt Ihr?

SCHNELL: Soll ich Euer Gnaden ein oder zwei Worte vergönnen?

FALSTAFF: Zwei*tausend*, schönes Frauenzimmer! Und ich will dir mein Gehör vergönnen!

SCHNELL: Da gibt es eine gewisse Mistreß Ford,... *(sieht sich um und wirft einen Blick auf Pistol und Robin)* Sir, ich flehe Euch an, tretet ein wenig näher, da, auf die Seite ... Ich selbst wohne bei Doktor Caius.

FALSTAFF: Schön, weiter. Mistreß Ford, sagtet Ihr?...

SCHNELL: Ja, Euer Gnaden sprechen ganz wahr. Ich bitt Euch, Euer Gnaden, tretet ein wenig näher, hier auf die Seite.

FALSTAFF: Ich bürg dir dafür, keiner hört uns. *(macht eine Handbewegung zu Pistol und Robin)* Meine eigenen Leute, meine eigenen Leute.

SCHNELL: Wirklich? Der Herrgott segne sie und nehme sie zu sich in seine Dienste auf!

FALSTAFF: Nun? Mistreß Ford, was ist mit ihr?

SCHNELL: Ach, Sir, sie ist ein so braves Geschöpf! O Gott, o Gott, und Euer Gnaden sind so ein Erzbuhler!... Ja, ja, der Herrgott vergeb Euch Eure Schuld, und uns allen; ich bete....

FALSTAFF: Mistreß Ford! Laßt hören, also Mistreß *Ford*...

SCHNELL: Wirklich, der langen Rede kurzer Sinn ist, Ihr habt sie so aus dem Konfekt gebracht, es ist ein wahres Wunder! Der beste von allen Herren bei Hof *(als der Hof in Windsor lag)* hätte sie nie so aus dem Konfekt bringen können, obwohls Euch da doch Ritter gegeben hat und Lords und Edelleute mit ihren Kutschen; Ihr könnt mirs glauben, eine Kutsche nach der andern, ein Brief nach dem andern, ein Geschenk nach dem andern. Das hat so süß geduftet, nichts als lauter Moschus, und hat so geraschelt, ich sag Euch, in Seide und Gold, und mit solchen alliganten Redewendungen, und eitel Wein und Zucker, nichts als nur das Beste und das Schönste, das hätte das Herz einer jeden Frau gewinnen können. Aber, daß ichs Euch nur sag, die konnten noch nicht einmal ein Augenzwinkern von ihr haben!
Mir selber hat man heute morgen erst zwanzig Engel dafür gegeben. Aber ich biete allen Engeln Trotz! – was immer auch sei (so sagt man doch?), außer, wenn es ganz und gar ehrlich zugeht. Und, das geb ich Euch schriftlich, sie konnten sie nie dazu kriegen, auch nur einen Becher zu trinken mit dem Stolzesten von ihnen. Und dabei waren

doch Grafen drunter, und was noch mehr sagen will, Offiziere von der Leibgarde. – Aber ich steh Euch dafür, ihr ist das alles eins.

FALSTAFF: Aber was sagt sie *mir*? Kommt zur Sache, meine liebe Merkurin!

SCHNELL: Gewiß. Also, sie hat Euren Brief erhalten: für den dankt sie Euch tausendmal, und sie gibt Euch kundzutun, daß ihr Mann sich von zehn bis elf in Abwesenheit von seinem Hause befinden wird.

FALSTAFF: Von zehn bis elf?

SCHNELL: Ja, fürwahr; und dann könnt Ihr kommen und könnt das Bild sehen, sagt sie, Ihr wißt schon, welches. Meister Ford, ihr Gatte, wird außer Hause sein. – Ach ja, das liebe Weibchen! Sie führt ein gar trauriges Leben mit ihm, wie aus lauter Hunde- und Katzenhaaren; das liebe Herz!

FALSTAFF: Von zehn bis elf! Frau, empfehlt mich ihr … Ich werde sie nicht im Stiche lassen.

SCHNELL: Ah, das ist wohlgesprochen! Aber ich hätte noch einen anderen Botschafter an Euer Gnaden: Auch Mistreß Page läßt sich von Herzen empfehlen, und ich will Euch nur ins Ohr sagen, sie ist eine repetierliche, bescheidne, ordentliche Frau. Eine Frau, ich kanns Euch sagen, die läßt Euch weder das Morgengebet noch das Abendgebet aus: sowas gibts nur einmal in Windsor, und wer weiß, wo noch so eine zweite aufzutreiben wäre. Also, sie hat mir aufgetragen, Euer Gnaden zu sagen, daß ihr Gatte selten außer Haus ist, aber daß sie hofft, die Zeit wird schon kommen … Ich hab noch nie gesehen, daß ein Weib einen Mann so anbetet! Meiner Treu, ich glaube, Ihr habt einen Zauber an Euch – wirklich wahr, ja.

FALSTAFF: Nicht ich, meiner Treu. Abgesehen von dem Zauber meiner guten Eigenschaften, habe ich sonst überhaupt keinen Zauber an mir.

SCHNELL: Gott segne Euch Euer gutes Herz, daß ihr sowas sagt!

FALSTAFF: Aber ich bitte Euch, sagt mir das eine: haben Fords Weib und Pages Weib einander gesagt, wie sie mich lieben?

SCHNELL: Das wär ein Spaß! Du mein! Wirklich! Die haben doch nicht so wenig Anstand, wollt ich hoffen, – das wär wirklich was! Aber Mistreß Page möchte Euch um aller Liebe willen bitten, ihr Euren kleinen Pagen zu schicken. Ihr Gatte hat nämlich eine ganz wunderbare Infektion für diesen kleinen Pagen. Ich sags nur, weils wahr ist: Meister Page ist ein ehrenwerter Mann. Keine Frau in ganz

Windsor führt ein besseres Leben als Mistreß Page. Sie kann tun, was sie will: alles sagen, was sie will, alles nehmen, alles zahlen; zu Bett gehn, wann sie Lust hat; aufstehn, wann sie Lust hat; alles, was sie will. Und wirklich, sie verdients auch, denn wenn es in ganz Windsor eine einzige gutherzige Frau gibt, dann ist sie das. Ihr müßt ihr Euren Pagen senden, da gibts nichts.

FALSTAFF: Ja gut, ich wills tun.

SCHNELL: Nein, aber tuts auch wirklich! Und, seht, der kann zwischen euch beiden hin- und hergehen. Und überhaupt, macht Euch doch auf jeden Fall ein Stichwort aus, daß ihr einander zu verstehen geben könnt, was ihr wollt. Der Junge braucht ja gar nichts davon zu merken. Denn es ist gar nicht gut, daß Kinder was Schlechtes wissen sollen. Alte Leute, Ihr wißt ja, die haben Erfahrung, wie man sagt: die wissen, wie die Welt ist.

FALSTAFF: Gehab dich wohl! Empfiehl mich allen beiden. Da hast du meine Börse – ich steh noch immer in deiner Schuld ... Junge, du gehst mit diesem Frauenzimmer. *Schnell und Robin gehen*
Diese Nachricht verwirrt mich ...

PISTOL: Ha, diese Schachtel ist ein Frachtschiff Amors!
Mehr Segel setzt! Ihr nach! Steil auf, Eure Geschütze!
Gebt Feuer! Sie ist mein! Sonst, Ozean, schluck sie alle!
Er folgt ihnen nach

FALSTAFF: Nein, so was, altes Haus! Geh nur, geh! Jetzt will ich aber mehr auf deinen alten Corpus halten als bisher. Machen sie dir also doch noch Augen? Wirst du, nachdem du mich soviel Geld *gekostet* hast, jetzt welches *einbringen*? Ich danke dir, mein guter Leib! Sollen sie nur von dir sagen, du bist ein *starkes* Stück. Was liegt schon dran, solang du nur ein *gutes* Stück bist.
Bardolph kommt mit einem Becher

BARDOLPH: Sir John, es ist ein Meister Bach unten, der möchte Euch sprechen und Eure Bekanntschaft machen. Er hat Euer Gnaden auch einen Morgentrunk Sherry heraufgeschickt.

FALSTAFF: Bach heißt er?

BARDOLPH: Ja, Sir.

FALSTAFF: Ruf ihn herein ... *(Bardolph geht hinaus)* Solche Bäche sind mir willkommen, die von solchem Naß überfließen. *(er leert den Becher)* Ah, ah! Mistreß Ford und Mistreß Page! Hab ich euch also umzingelt?! Drauf und dran denn, en avant!

Bardolph kommt zurück, hinter ihm der verkleidete Ford, der einen Beutel Geld trägt

FORD: Gott grüß Euch, Sir.

FALSTAFF: Euch ebenfalls, Sir; wollt Ihr mich sprechen?

FORD: Ich bin so frei, Euch so unversehens zu überfallen.

FALSTAFF: Ihr seid willkommen. Was ist Euer Begehr? – Laß uns allein, Bierzapfer. *Bardolph geht*

FORD: Sir, ich bin ein Gentleman, der sichs was kosten läßt. Mein Name ist Bach.

FALSTAFF: Guter Meister Bach, es soll mir eine Freude sein, Eure Bekanntschaft machen zu dürfen.

FORD: Lieber Sir John, ich bitte Euch darum – nicht um Euch zur Last zu fallen, denn – das muß ich Euch gleich sagen – ich glaube, mit Geld kann ich freier umspringen als Ihr. Das hat mich auch einigermaßen zu meinem unzeitgemäßen Eindringen hier ermutigt, denn, so heißt es, wo Geld vorausgeht, stehen alle Wege offen.

FALSTAFF: Geld ist ein guter Soldat, Sir; es bricht sich Bahn.

FORD: So seis, und ich habe einen Beutel Geld hier, der mich beschwert. Wenn Ihr mir tragen helfen wollt, Sir John, nehmt alles oder die Hälfte dafür, daß Ihr mir die Last erleichtert.

FALSTAFF: Sir, ich weiß nicht, wie ich es verdienen kann, Euer Träger zu sein.

FORD: Ich wills Euch sagen, Sir, wenn Ihr mir Gehör schenkt.

FALSTAFF: Sprecht, lieber Meister Bach, es wird mir eine Freude sein, Euch zu dienen.

FORD: Sir, ich höre, Ihr seid ein gelehrter Mann. Ich will mich kurz fassen mit Euch – und Ihr seid auch ein Mann, von dem ich schon lange gewußt habe, obgleich ich trotz meines Verlangens noch nie so gute Gelegenheit hatte, Euch kennenzulernen … Ich werde Euch etwas entdecken, worin ich meine eigene Unvollkommenheit ganz offen vor Euch enthüllen muß. Aber, lieber Sir John, wenn Ihr das eine Auge auf meine Torheiten richtet, die Ihr jetzt hören werdet, dann richtet das andere auf das Register Eurer eigenen Torheiten, damit ich desto glimpflicher mit einem Verweis davonkomme. Denn Ihr wißt ja selbst, wie leicht man da zum Sünder werden kann.

FALSTAFF: Sehr wohl, Sir; fahrt fort.

FORD: Hier in dieser Stadt lebt eine gute Frau – ihr Mann heißt Ford.

FALSTAFF: Ja, Sir.

FORD: Ich liebe sie schon seit langer Zeit und, das kann ich Euch versichern, ich habe schweres Geld auf sie ausgegeben. Ich habe sie mit vernarrter Aufmerksamkeit verfolgt, habe nach jeder Gelegenheit gehascht, sie zu treffen, mir jeden kleinsten Augenblick erkauft, der mir auch nur einen flüchtigen Blick auf sie gestatten konnte. Nicht nur habe ich viele Geschenke gekauft, um sie ihr zu geben, sondern ich habe vielen Leuten viel gegeben, bloß um zu wissen, was sie an Geschenken haben will. Kurz, ich habe sie so verfolgt, wie die Liebe mich verfolgt hat; das heißt, auf den Schwingen einer jeden Gelegenheit. Aber was immer ich verdient haben mag, entweder für meine Liebe oder für meinen Aufwand ... Lohn habe ich ganz gewiß keinen dafür erhalten, es sei denn, daß Erfahrung ein kostbares Juwel wäre. Denn die habe ich um ungeheueren Preis erkauft, und sie hat mich gelehrt, dies zu sagen:
Liebe flieht schattengleich, wenn sie Substanz verfolgt,
Verfolgt, was vor ihr flieht, und flieht, was ganz ihr folgt.

FALSTAFF: Hat sie Euch niemals Erhörung versprochen?

FORD: Niemals.

FALSTAFF: Habt Ihr sie um ein solches Versprechen bestürmt?

FORD: Niemals.

FALSTAFF: Welcher Art war dann Eure Liebe?

FORD: Wie ein schönes Haus, das aber auf eines anderen Mannes Grund und Boden gebaut ist – also kam ich um mein Bauwerk, weil ich den Platz, auf dem ich es errichtete, falsch gewählt hatte.

FALSTAFF: Warum enthüllt Ihr mir das?

FORD: Wenn ich Euch *das* sage, dann habe ich Euch alles gesagt! ... Manche sagen nämlich, so ehrbar sie mir gegenüber erscheint, so zeige sie sich doch anderwärts so lustig, daß man zwei und zwei zusammenzählen könne, was sie betrifft ... Nun, Sir John, dies ist der Kern meines Anliegens: Ihr seid ein Gentleman von ausgezeichneter Bildung, bewundernswerter Rednergabe, bestem Umgang, von großem Gewicht an Rang und Person, allgemein anerkannt ob Eurer Eigenschaften als Soldat, Hofmann und Gelehrter.

FALSTAFF: O Sir!

FORD: Glaubt mir, denn Ihr wißt es ja selbst ...

Er legt den Beutel auf den Tisch

Hier ist Geld. – Gebt es aus, gebt es aus, gebt noch mehr aus, gebt alles aus, was ich habe! Nur gebt mir dafür soviel von Eurer Zeit, wie Ihr braucht, um eine liebevolle Belagerung der Tugend dieser Mistreß Ford ins Werk zu setzen. Macht Gebrauch von Euren Verführungskünsten, bringt sie dahin, Euch alles zu gewähren. Wenn irgendeiner, so seid Ihr der Mann dazu.

FALSTAFF: Käme es denn der Heftigkeit Eurer Neigung zustatten, daß ich gewinne, was doch Ihr genießen wollt? Ich glaube, Ihr verschreibt Euch da eine ganz verkehrte Arzenei.

FORD: O, begreift nur mein Ziel: Sie besteht so felsenfest auf der Makellosigkeit ihrer Ehre, daß die Torheit meiner Seele sich gar nicht zu zeigen wagt. Sie strahlt zu hell, als daß man sie nur ansehen könnte... Nun seht, wenn ich aber zu ihr kommen könnte, mit etwas in der Hand, was ich entdeckt habe, dann hätten meine Wünsche einen Anhaltspunkt und hätten Grund, sich ihr zu empfehlen. Dann könnte ich sie aus der Festung ihrer Reinheit, ihres Rufes, ihres Ehegelübdes und aus tausend anderen befestigten Stellungen heraustreiben, die jetzt viel zu gut gegen mich verschanzt sind. Was sagt Ihr dazu, Sir John?

FALSTAFF *(wiegt den Beutel in der Hand)*: Meister Bach; erstens: Ich will so frei sein, Euer Geld zu nehmen. Zweitens: gebt mir die Hand. Und zu guter Letzt, so wahr ich ein Gentleman bin: Ihr sollt, wenn das Euer Wille ist, Fords Weib genießen.

FORD: O, werter Sir!

FALSTAFF: Ich sage Euch, Ihr sollt!

FORD: Sorgt Euch nicht ums Geld, Sir John; an dem solls Euch nicht fehlen.

FALSTAFF: Sorgt Euch nicht um Mistreß Ford, Meister Bach; an der solls Euch nicht fehlen! Ich werde mit ihr beisammen sein, ich darf Euch das wohl verraten, – denn sie selbst hat mich zu sich bestellt. Gerade als Ihr hereinkamt, ging ihre Helfershelferin, oder, besser gesagt, ihre Liebesbotin, von mir weg. Wie gesagt, ich werde also bei ihr sein, zwischen zehn und elf, denn um diese Zeit wird der elende eifersüchtige Lump, ihr Mann, nicht im Hause sein ... Ihr kommt heute abend zu mir, dann sollt Ihr hören, wie weit ich gekommen bin.

FORD: Eure Bekanntschaft ist ein Segen für mich... Kennt Ihr diesen Ford, Sir?

FALSTAFF: Hol ihn der Henker, den armen, gehörnten Lumpen! Nein, ich kenne ihn nicht. Aber ich tue ihm Unrecht, ihn arm zu nennen. Es heißt, dieser eifersüchtige Lump und arglose Hahnrei hat Geld in rauhen Mengen. Das ists ja, weshalb mir sein Weib so anziehend erscheint. Ich will sie als Schlüssel zu dieses lumpigen Hahnreis Geldkasten gebrauchen – dort halt ich mein Erntefest.

FORD: Ich wollte, Ihr kenntet den Ford, damit Ihr ihm ausweichen könnt, wenn Ihr ihn seht.

FALSTAFF: Hol ihn der Henker, diesen Handwerkerlümmel von Salzbutterfresser! Ich will ihn so scharf ansehen, daß er nicht weiß, wo ihm der Kopf steht. Ich will ihn einschüchtern, mit meinem Knüppel: der soll dem Hahnrei über den Hörnern hängen wie ein Meteor … Meister Bach, wisse denn, ich werde den Bauerntölpel unterkriegen, und du sollst bei seinem Weib liegen … Komm heut abend zeitig zu mir. Ford ist ein Lump, und ich will ihm noch gewichtigere Attribute verschaffen; du, Meister Bach, sollst ihn nicht nur als Lump, sondern auch als Hahnrei kennen … Kommt heut abend zeitig zu mir. *Nimmt den Beutel und geht*

FORD: So ein verdammter Schuft von Epikuräer! Mir zerspringt fast das Herz vor Ungeduld … Wer sagt da noch, das sei sinnlose Eifersucht? Mein Weib hat nach ihm geschickt, die Stunde ist abgemacht, der Handel geschlossen … Wer hätte das gedacht? Welche Hölle das doch ist, ein falsches Weib zu haben! Mein Bett soll mißbraucht, mein Geldschrank gebrandschatzt, mein guter Name angenagt werden. Und nicht genug, daß mir dieser schurkische Schimpf angetan werden soll, so soll ich dafür auch noch die abscheulichsten Ehrentitel einstecken, noch dazu von dem, der mir das antut. Und was für Titel, was für Namen! Amaimon klingt noch gut, Luzifer klingt gut, Barbason gut, und doch sind das Titel von Teufeln, Namen von bösen Geistern. Aber Hahnrei? Argloser Hörnerträger! – Hahnrei!

Der Teufel selbst hat keinen solchen Namen … Page ist ein Esel, ein selbstsicherer Esel! Der verläßt sich auf seine Frau; der kennt keine Eifersucht. Lieber will ich einem Vlamen mit meiner Butter trauen; oder Pfarrer Hugh, dem Waliser, mit meinem Käse, einem Irländer mit meiner Branntweinflasche und einem Dieb, daß er meinen Wallachen, den Paßgänger, spazieren führt, als meiner Frau mit sich selber … Da heckt sie aus, da zettelt sie an, da fädelt sie ein … Und was ihnen einmal am Herzen liegt, den Weibern, das wollen sie

durchsetzen. Und wenn ihnen das Herz dabei zerbricht, sie setzens auch durch ... Gott sei Lob und Dank für meine Eifersucht! ... Elf Uhr, das ist die Stunde. Dem will ich zuvorkommen, mein Weib ertappen, mich an Falstaff rächen und Page auslachen. Also los: lieber drei Stunden zu früh als eine Minute zu spät.
Pfui, pfui, pfui! Hahnrei! Hahnrei! Hahnrei!

Er eilt aus dem Zimmer

3. Szene

Feld bei Windsor.
Caius und Rugby gehen auf und ab

CAIUS *(bleibt stehen)*: Jack Rugby!
RUGBY: Sir?
CAIUS: Wieviel is die Hur, Jack?
RUGBY: Die Stunde ist schon vorüber, Sir, wo Sir Hugh zu kommen versprochen hatte.
CAIUS: Pardieu, er ’at gerettet sein Seele, daß er nik is gekomm. Er ’at gut gebetet sein Bibel, daß er nik is gekomm. Pardieu, Jack Rugby: er schon tot is, wenn er *is* gekomm!
RUGBY: Er ist klug, Sir. Er hat gewußt, Euer Gnaden würden ihn töten, wenn er käme.
CAIUS: Pardieu, die ’eringsfisch nik is so tot, als ik ihm will töten ... Nimm deine Rapier, Jack, ik dik werd zeigen, wie ich ihm werde töten.
RUGBY: Ach Gott, Sir, ich kann doch nicht fechten!
CAIUS: Schurker du! Nimm deine Rapier! *Sie fechten*
RUGBY: Bitte wartet: da kommen Leute!

Wirt, Seicht, Schwach und Page treten auf

WIRT: Gott grüß dich, Doktor Eisenfresser!
SEICHT: Gott mit Euch, Herr Doktor Caius!
PAGE: Ah, unser lieber Herr Doktor!
SCHWACH: Schön guten Morgen, Sir.
CAIUS: Warum seid ihr all ein, swei, drei, vier ’ergekomm?
WIRT: Um dich fechten zu sehen, um dich ausfallen zu sehen, dich travesieren zu sehen, dich da zu sehen, dich dort zu sehen, deine Puntos, deine Stoccados, deine Reversen, deine Distanzen, dein Montant! ... Ist er tot, mein Äthiopier? Ist er tot, mein Francisco? Ha,

Eisenfresser! Was sagt mein Aesculapius, mein Galen? Mein Holundermarkherz? Ha! Ist er tot, Urinmonarch, ist er tot?

CAIUS: Pardieu, er is der größte Feigling von ein Pfarrer von die Welt; er nik 'at präsentier sein Visage.

WIRT: Du bist ein Urinal des Königs von Kastilien! Hektor von Griechenland, mein Junge!

CAIUS: Ik euk bitte su attestier, daß ik 'ab gewart sechs oder sieben Mann 'och, swei bis drei Stunden auf ihm; und er nik es gekomm.

SEICHT: Da ist er der Klügere, Meister Doktor! Er ist ein Seelenarzt, Ihr seid ein Leibarzt. Wenn ihr euch schlagt, so geht das euren Professionen gegen den Strich... Nicht wahr, Meister Page?

PAGE: Meister Seicht, Ihr seid ja selber ein großer Haudegen gewesen, wenn Ihr auch jetzt ein Mann des Friedens seid!

SEICHT: Sapperment, Meister Page, wenn ich jetzt auch alt bin und für Frieden... kaum seh ich ein nacktes Schwert, so jucken mich die Finger nach einem Waffengang... Wenn wir auch Friedensrichter sind und Doktoren und Kirchenmänner, Meister Page, so haben wir doch noch etwas vom Salz unserer Jugend in uns... Wir sind alle vom Weibe geboren, Meister Page!

PAGE: Das ist wahr, Meister Seicht!

SEICHT: Das wird sich auch als wahr herausstellen, Meister Page... Werter Doktor Caius, ich bin gekommen, Euch nach Hause zu holen... Ich bin ein geschworener Friedensrichter, und Ihr habt Euch als weiser Arzt erwiesen, und Sir Hugh als ein kluger und geduldiger Mann Gottes... Ihr müßt mit mir kommen, Meister Doktor.

WIRT: Mit Verlaub, Gast Friedensrichter! – Auf ein Wort, Monsieur Wassermacher!

CAIUS: Wassermakerr? Was is das?

WIRT: Wassermacher, das bedeutet bei uns in unserer englischen Sprache Tapferkeit, große Courage. – Verstanden, Eisenfresser?

CAIUS: Pardieu, dann ik 'aben in meinem Leib so viel Wasser gemakt als die Englischmen!... Dieser räudige Hundepfarrer! Pardieu, ik ihm will abtranchieren beide seine Ohr!

WIRT: Er wird dich schon tüchtig schurigeln, Eisenfresser.

CAIUS: Schuhverriegeln! Was is das?

WIRT: Das heißt, er wird dir Satisfaktion geben.

CAIUS: Pardieu, dann ihr sollt mir sehen, er mik muß schurickeln, denn, pardieu, das will ik 'aben!

WIRT: Und ich will ihn selber dazu herausfordern, sonst soll er mir zum Teufel gehen!

CAIUS: Mir danken Euk für das.

WIRT: Und außerdem, Eisenfresser, – *(beiseite)* aber zuerst, Gast Friedensrichter und Meister Page und Cavaliero Schwach, geht ihr durch die Stadt nach Frogmore…

PAGE *(beiseite)*: Sir Hugh ist dort, nicht?

WIRT *(beiseite)*: Er ist dort. Seht zu, wie er aufgelegt ist; und ich will den Doktor über die Felder hinbringen. Geht das so?

SEICHT *(beiseite)*: Ja, das wollen wir tun.

PAGE, SEICHT, SCHWACH: Adieu, werter Doktor! *Sie gehen*

CAIUS: Pardieu, ik will maken tot die Pfaff, die Pfarrer, denn er makt Fürsprake zu Anne Page für eine 'answurst!

WIRT: Schlag ihn tot, aber zuerst einmal steck deine Ungeduld in die Scheide, schütt kaltes Wasser auf deine Galle und geh über die Felder mit mir nach Frogmore. Ich will dich wohin bringen, wo Mistreß Anne Page ist; in ein Pächterhaus, wo ein Schmaus gehalten wird. Da sollst du ihr den Hof machen. – Sitzt der Schuß? War das gut gesagt?

CAIUS: Pardieu, ik danke Euk für das. Pardieu, ik Euk lieb 'abe und ik Euk will rekommendier die gute Gäste, die Graf, die Chevaliers, die Lords, die Gentlemen, meine Patienten.

WIRT: Und dafür will ich dein Gegenspieler bei Anne Page sein! War das gut gesagt?

CAIUS: Pardieu, so is recht! So is gut gesagt!

WIRT: Sollen wir uns trollen?

CAIUS: Tret mik auf die Fersen, Jack Rugby! *Alle ab*

Dritter Akt

1. Szene

Eine Wiese bei Frogmore. Evans und Simpel treten auf

EVANS: Ich pitt Euch, Freund Simpel, mein lieber Diener tes guten Meister Schwach, sagt mir nun, nach welcher Seiten hapt Ihr nach diesem Caius auskeschaut, ter sich nennt Toktor der Medizin?

SIMPEL: Überall Herr, wirklich; nach dem kleinen Park, nach dem großen Park, nach Alt-Windsor, nach allen Seiten bis auf den Stadtweg.

EVANS: So pitt ich Euch jetzt inprünstig, schaut auch auf ten Stadtweg.

SIMPEL: Sehr wohl, Sir.

EVANS: Kott pehüte mich. Wie voller Galle und Herzklopfen ich doch pin… Ich werde schon froh sein, wenn er mich nur ketäuscht hat… wie melankolisch ich bin! Ich will ihm seine Urinkläser über seinen Lumpenkopf zerprechen, pei kuter Kelegenheit… Kott pehüt seine Seele! *(singt)*

Am seichten Pach, pei dessen Fall
Ter Vogel sinkt sein Matrigal,
Tort machen wir uns Rosenpetten
Und flechten tuftke Plumenketten.
Am seichten Pach…

Kott sei mir knädig, ich habe kroße Tisposizionen zu weinen…!

Ter Vogel sinkt sein Matrigal, *(singt weiter)*
Als ich an Pabels Fassern saß
Und flechten tuftke Plumenketten
Am seichten Pach…

SIMPEL: Dort kommt er, Sir Hugh! Von dort drüben, Meister Pfarrer!

EVANS: Er ist fillkommen… *(singt)*

Am seichten Pach, pei dessen Fall…

Kott schütze den Kerechten!… Was führt er für Waffen?

SIMPEL: Keine Waffen, Sir. Mein Herr ists, der dort kommt, Meister Seicht. Und noch ein zweiter Gentleman; von Frogmore her, über den Zauntritt, da.

EVANS: Ich pitt Euch, kept mir meinen Chorrock, oder, nein, pehaltet ihn auf tem Arm! *Page, Seicht und Schwach kommen*

SEICHT: Sieh da, der Meister Pfarrer! Guten Morgen, lieber Sir Hugh!

Halte mir einer einen Spieler von seinen Würfeln ab und einen wißbegierigen Geist von seinem Buch! Das wäre ein wahres Wunder!

SCHWACH *(seufzt)*: Ach, süße Anne Page!

PAGE: Gott grüß Euch, lieber Sir Hugh.

EVANS: Kott pehüt Euch um seiner Parmherzigkeit willen, alle miteinander!

SEICHT: Das Schwert und das Wort, was!? Studiert Ihr die weltlichen und zugleich die geistigen Waffen, Meister Pfarrer?

PAGE: Und immer noch jugendlich, in Wams und Hosen, an so einem rauhen rheumatischen Tag!

EVANS: Tas hat seine Kründe und Ursachen.

PAGE: Wir kommen zu Euch, um ein gottgefälliges Werk zu tun, Meister Pfarrer.

EVANS: Pravo! Was ists?

PAGE *(blickt über Evans Schulter)*: Da drüben ist ein sehr ehrenwerter Gentleman, der vermutlich von jemand beleidigt wurde und deshalb mit seiner Würde und seinem Gleichmut auf so gespanntem Fuße steht, wie mans nur je gesehen hat.

SEICHT: Ich habe nun schon mehr als achtzig Jahre auf dem Rücken, aber ich habe noch nie gehört, daß ein Mann von seinem Stande, von seiner Geltung und Bildung so aus der Fassung gekommen wäre.

EVANS: Wer ist er? *Wirt, Caius und Rugby kommen näher*

PAGE: Ich glaube, Ihr kennt ihn. *(Evans dreht sich um)* Doktor Caius, der berühmte französische Physikus.

EVANS: Kottes Leitensweg unt sein heiliger Wille! Ihr könnt mir krad so kut von einem Schlapperprei reden!

PAGE: Wieso?

EVANS: Er versteht nicht mehr als ein Schlapperprei von Hibbogrates und Kalenus, *(mit erhobener Stimme)* und außerdem ist er ein Lump, wie er im Puche steht!

Caius läuft mit Rapier und gezogenem Dolch vor

PAGE: Ich sags euch, das ist der Mann, mit dem er sich schlagen sollte.

SCHWACH: O, süße Anne Page!

SEICHT: Es sieht in der Tat so aus, nach seinen Waffen zu schließen … Haltet sie auseinander! Da kommt Doktor Caius.

Er vertritt ihm den Weg

PAGE: Nicht doch, *(tritt Evans in den Weg)* mein werter Meister Pfarrer! Laßt Eure Klinge in der Scheide!

SEICHT: Ihr auch, bester Meister Doktor!

WIRT: Entwaffnet sie und laßt sie miteinander sprechen. Sollen sie ihre Glieder ganz behalten und dafür unser gutes Englisch zerfleischen. *Beide werden entwaffnet*

CAIUS: Ik pitt Euk, laßt mik sprek ein Wort mit Eure Ohr: Warum wollen Ihr nik 'alten die Abmachung mit mik?

EVANS *(leise)*: Ich pitt Euch, habt Keduld zu kuter Zeit.

CAIUS *(laut)*: Pardieu, Ihr sein die 'asenfuß, der 'undsfott – der John Affe!

EVANS *(beiseite)*: Pitt Euch, laßt uns nicht tie Zielscheiben von anderer Leut ihre Späße sein. Ich rate es Euch in Freundschaft unt will Euch Kenugtuung keben, so oder so. – *(laut)* Ich will Eure Urinkläser um Euren lumpigen Hahnreikamm schlagen, feil Ihr unsere Apmachung und Pestellung nicht einkehalten hapt!

CAIUS: Diable! – Jack Rugby! Mein Wirt vom Hosenpand! 'ab ik nik gewart auf ihm, ihm zu schlagen tot? Auf die Platz, die ik 'aben bestellt?

EVANS: So fahr ich eine Christenseel pin, ta schaut her! Tas ta is ter abkemachte Ort! ... Mein Kastwirt vom Hosenpant muß mir tas pestätiken.

WIRT: Friede, sage ich, Gallia und Gaelia, Franzmann und Welschmann, Galenus und Galiläa, Seelenarzt und Leibarzt.

CAIUS: Ah, das ist viel gut, *excellent*!

WIRT: Friede, sag ich! Hört auf den Wirt zum Hosenband! Bin ich politisch? Bin ich subtil? Bin ich ein Macchiavell? Soll ich um meinen Doktor kommen? Nein, denn er gibt mir die Tränke für meinen Scharm und die Tränke für meinen Darm. Soll ich um meinen Pfarrer kommen, um meinen Priester, um meinen Sir Hugh? Nein, denn er gibt mir die gesalbten Sprüche und die gesalznen Flüche. Gib mir deine Hand, Himmelsmann, so! Ihr Söhne der Gelehrsamkeit, ich habe euch beide angeführt, ich hab euch auf falsche Plätze bestellt. Deshalb schlagen eure Herzen mit Macht und eure Häute sind unversehrt, und die Sache soll mit einem guten Schluck Sherry ausgehen. *(zu Page und Seicht)* Kommt! Ihre Degen als Pfand. Kommt mit mir, kommt!

SEICHT: Meiner Treu, ein toller Wirt! Kommt, Gentlemen, kommt!

SCHWACH: O, süße Anne Page.

Seicht, Page und Schwach folgen dem Wirt nach

CAIUS: Ah, verstehen ik das? 'abet Ihr gespielt die *sot* mit uns, ha? Ha!

EVANS: Tas ist kut! Er hat uns beide zum pesten kehapt ... Ich pitt Euch, wir follen Freunde sein und unsere Kehirne in eines schlagen, taß wir uns rächen an diesem schäpigen räudigen Spitzpuben, tiesem Kesellen, tem Kastwirt zum Hosenpand!

CAIUS: Pardieu, von ganz mein 'erzen, denn er 'at auch versproken zu bring mik hin, wo is Anne Page! Pardieu, er 'at gleichfalls betrogen mir.

EVANS: Kut. Ich fill ihm seinen Hirnschädel einschlagen. Pitt Euch, kommt mit. *Alle ab*

2. Szene

Straße in Windsor. Mistreß Page. Robin stolziert vor ihr her

MRS. PAGE: Nein, nur schön weiter, kleiner Kavalier! Sonst hast du zum Gefolge gehört, aber jetzt bist du ein Anführer... Was ist dir lieber, vorzugehen und meine Augen zu führen, oder nur Augen für deines Herren Fersen zu haben?

ROBIN: Ihr könnt sicher sein, ich geh lieber vor Euch her wie ein Mann, als daß ich ihm nachfolge wie ein Zwerg.

MRS. PAGE: O, du kleiner Schmeichler, ich seh schon, aus dir wird noch einmal ein echter Höfling. *Ford kommt*

FORD: Freut mich, Euch zu sehen, Mistreß Page. Wohin geht Ihr denn?

MRS. PAGE: Schnurstracks zu Eurer Frau, Sir! Ist sie zu Hause?

FORD: Ja, und fährt fast aus der Haut vor Langeweile. Es fehlt ihr an Gesellschaft. Ich glaube, wenn eure Männer stürben, würdet ihr zwei heiraten.

MRS. PAGE: Da könnt Ihr sicher sein: zwei neue Männer!

FORD: Wo habt Ihr diesen hübschen Wetterhahn her?

MRS. PAGE: Ich weiß nicht, wie zum Kuckuck der Mensch heißt, von dem mein Mann ihn hat. Sag, mein Junge: dein Ritter, wie heißt er denn?

ROBIN: Sir John Falstaff.

FORD: Sir John Falstaff!

MRS. PAGE: Ah ja, der, der. – Ich kann mir seinen Namen nie merken.

Mein Mann und er, die sind so dicke Freunde … Eure Frau ist also wirklich zu Hause?

FORD: Wirklich, ja.

MRS. PAGE *(knickst)*: So gestattet, Sir; ich schmachte danach, sie zu sehen. *Sie geht eilig weiter, Robin vor ihr her*

FORD: Hat dieser Mann Page kein Hirn? Hat er keine Augen im Kopf? Denkt er überhaupt nicht? Weiß der Himmel, das alles ist ihm eingeschlafen, er macht keinen Gebrauch davon … Der Junge da trägt Euch doch einen Brief zwanzig Meilen weit, so leicht wie eine Kanone auf zwanzig Schritt trifft! Er leistet den Schwachheiten seines Weibes noch Vorschub, er gibt ihrer Torheit Gelegenheit und Vorteil. Und nun geht sie zu meiner Frau, und Falstaffs Junge mit ihr. Wer sich auf Gewitter versteht, kann dieses Unwetter schon im Wind singen hören … Und Falstaffs Junge mit ihr! … Schöne Pläne sind das, sauber ausgeheckt, und unsere abtrünnigen Weiber teilen miteinander die Verdammnis! – Nun gut, ich will ihn fangen, und dann will ich meiner Frau tüchtig zusetzen und dieser scheinheiligen Mistreß Page den ausgeborgten Schleier der Wohlanständigkeit herunterreißen, daß man auch den Page selbst als leichtsinnigen Dummkopf erkennt, der Hörner trägt wie Herr Aktaeon, als er in einen Hirsch verwandelt wurde; und wenns dann stürmisch hergeht, soll die ganze Nachbarschaft Bravo schreien. *(die Stadtuhr schlägt)* Die Uhr gibt mir mein Stichwort, und was ich weiß, das heißt mich suchen gehen. Dort werde ich Falstaff finden … Man wird mich dafür eher loben als auslachen, denn daß Falstaff dort ist, das steht so fest wie diese Erde … Ich gehe jetzt hin.

Page, Seicht, Schwach, Wirt, Evans und Rugby kommen

ALLE: Ah, guten Tag, Meister Ford!

FORD: Meiner Treu, eine gute Gesellschaft! Bei mir zu Hause gibts heut was Gutes, wollt ihr nicht alle kommen?

SEICHT: Mich müßt Ihr entschuldigen, Meister Ford.

SCHWACH: Und mich desgleichen, Sir. Wir sind verabredet mit Jungfer Anne zu speisen, und ihr möchte ich mein Wort nicht brechen; um keine Summe Geldes, die ich nur nennen könnte.

SEICHT: Wir sind schon lange auf eine Heirat zwischen Anne Page und meinem Vetter Schwach aus, und heute wollen wir uns unsere Antwort holen.

SCHWACH: Ich hoffe, ich habe Euer Einverständnis, Vater Page?

PAGE: Das habt Ihr, Meister Schwach. Ich stehe ganz auf Eurer Seite – aber meine Frau, Meister Doktor, die ist ganz und gar für Euch.

CAIUS: Ah, pardieu, und die Jungfer, sie mik liebt! Meine Pflegefrau Schnell mir 'at das bericht.

WIRT: Was sagt ihr zu dem jungen Meister Fenton? Der springt und tanzt, der hat die Augen der Jugend. Er macht Verse, er spricht wie Sonn- und Feiertag, er duftet wie April und Mai. Der kriegt sie, der kriegt sie! Dem geht es an den Knöpfen aus, der kriegt sie!

PAGE: Nicht mit meiner Zustimmung, das kann ich euch versichern. Dieser Gentleman hat kein Vermögen. Der hats mit dem wilden Kronprinzen und mit dem Poins gehalten. Er ist zu hoch geboren, er weiß zuviel von der großen Welt... Nein, mit dem Finger meines Vermögens soll der keinen Knoten in seine Finanzen machen können. Wenn er das Mädchen will, so soll er sie nehmen, wie sie geht und steht. Mein Vermögen geht nur mit meiner Zustimmung, und meine Zustimmung geht nicht diesen Weg.

FORD: Ich bitt euch von ganzem Herzen, kommt doch, wenigstens einige von euch, mit mir zu Tisch. Außer dem Essen sollt ihr auch noch euren Spaß haben – ich will euch ein Wundertier zeigen! Herr Doktor, Ihr kommt doch? Und Ihr auch, Meister Page? Und Ihr, Sir Hugh?

SEICHT: Nun, so lebt wohl! Desto ungestörter können wir in Meister Pages Haus freien. *Geht mit Schwach ab*

CAIUS: Geht nach 'aus, John Rugby, ik komme nach. *Rugby geht*

WIRT: Lebt wohl, Herzenskinder, ich will zu meinem braven Ritter Falstaff und mit ihm einer Flasche kanarischen Wein an den Hals, daß uns die Sterne singen und vor den Augen tanzen.

FORD *(beiseite)*: Aber vorher will ich ihm selber an den Hals. Da soll er mir singen und tanzen! *(laut)* Ists gefällig, ihr Herren?

PAGE, CAIUS, EVANS: Wir kommen mit; wir wollen das Wundertier sehen. *Alle ab*

3. Szene

Zimmer in Fords Haus. Mistreß Ford und Mistreß Page treten auf

MRS. FORD: He, John! He, Robert!

MRS. PAGE: Schnell, schnell!... Ist der Waschkorb...?

MRS FORD: Also, wie oft soll ich?... He Robin, du!

Zwei Diener kommen mit einem großen Korb

MRS. PAGE: Kommt, kommt, kommt!

MRS. FORD: Da stellt ihn hin!

MRS. PAGE: Erklärt es Euren Leuten. Wir müssen uns beeilen.

MRS. FORD: Also, wie ichs euch schon gesagt hab, John und Robert; ihr haltet euch bereit, gleich da nebenan im Brauhaus. Sowie ich euch rufe, kommt ihr und nehmt augenblicklich, ohne Zögern, diesen Korb da auf die Schultern. Wenn ihr ihn habt, lauft ihr damit zu den Bleichern auf die Datchetwiese, und dort leert ihr ihn aus, in den Schlammgraben, gleich bei der Themse.

MRS. PAGE: Ihr werdet es sicher tun?

MRS. FORD: Ich habs ihnen schon des langen und breiten erklärt. Nichts, was sie noch nicht wissen... Also geht; und kommt, wenn man euch ruft. *Diener ab, Robin kommt*

MRS. PAGE: Da kommt der kleine Robin! Na, mein kleiner, halbflügger Falke! Was bringst du neues?

ROBIN: Mein Herr, Sir John, ist zu Eurer Hintertür hereingekommen, Mistreß Ford, und wünscht Euch zu sprechen.

MRS. PAGE: Du kleine Karnevalspuppe, bist du uns auch treu geblieben?

ROBIN: Ja, ich schwörs Euch. Mein Herr hat keine Ahnung, daß Ihr hier seid. Er hat mir sogar gedroht, mich auf ewig freizugeben, wenn ich Euch davon erzähle; denn er schwört, dann jagt er mich weg.

MRS. PAGE: Du bist ein guter Junge! Deine Verschwiegenheit soll dir ein Schneider sein und dir ein neues Wams und Hosen machen... Ich geh mich verstecken.

MRS. FORD: Recht so! Geh; sag deinem Herrn, ich bin allein...

Robin ab

Mistreß Page, vergeßt nicht Euer Stichwort.

MRS. PAGE: Verlaß dich darauf! Wenn ich meinen Auftritt verpasse, zisch mich aus!

Mrs. Ford: Also los! Diesem ungesunden Schwamm, dieser aufgedunsenen Wassermelone wollen wirs zeigen! Den lehren wir, treue Tauben für nichtsnutzige Krähen zu halten! *Mistreß Page ab. Falstaff kommt*

Falstaff: »Hab ich dich nun, mein himmlisches Juwel?« – Ach, nun laßt mich sterben, Götter, denn ich habe lang genug gelebt!... Dies ist der Gipfel all dessen, was ich erstrebte ... O, gebenedeite Stunde!

Mrs. Ford: O, süßer Sir John! *Sie umarmen sich*

Falstaff: Mistreß Ford, ich kann nicht heucheln; ich kann nicht schöntun, Mistreß Ford! Der Wunsch, den ich jetzt ausspreche, ist Sünde; ich wollte, dein Mann wäre tot. Vor dem Herrn aller Herren will ich sagen, ich würde dich zu meiner Lady machen.

Mrs. Ford: Ich Eure Lady, Sir John? O weh, ich wäre eine armselige Lady!

Falstaff: Mag mir der Hof von Frankreich eine zweite zeigen, die dir gleicht! Ich sehe, wie dein Auge mit dem Diamant um die Wette strahlen würde; du hast den rechten Schwung der Brauen für die große Segeltiara, für die Amazonentiara, oder für jedwede Tiara und jeden Kopfputz, den man zu Venedig trägt.

MRS Ford: Eine einfache Haube, Sir John: meine Augenbrauen passen zu sonst gar nichts; und auch dazu nicht besonders, kann ich Euch verraten.

Falstaff: Mit diesen Worten begehst du nur Verrat an dir selbst. Du wärst die vollendete Hofdame, und der feste Schritt deines Fußes würde deinem Gang in einem halbkreisrunden Reifrock den herrlichsten Takt verleihen... Ich sehe, was du sein könntest, wenn dir, die du die Natur zur Freundin hast, Fortuna nicht Feindin wäre... Komm, du kannst es nicht verbergen!

Mrs. Ford: Glaubt mir, es ist nichts von der Art an mir.

Falstaff: Was hätte denn sonst meine Liebe zu dir erweckt? Schon dieser Umstand muß dich doch überzeugen, daß etwas ganz Außergewöhnliches an dir ist ... Komm, ich kann nicht schöntun und sagen, du seist dies und das, wie so viele von diesen lispelnden Weißdornblüten, die daherkommen, als wären sie Weiber in Männerkleidung, und duften wie die Gasse mit den Kräuterläden in Bucklersbury. Das kann ich nicht – aber ich liebe dich, keine als dich allein! Und du verdienst es.

Mrs. Ford: Habt mich nicht zum besten, Sir. Ich fürchte, Ihr liebt Mistreß Page.

Falstaff: Geradesogut könntest du sagen, daß ich es liebe, beim Schuldturm spazierenzugehen, um frische Luft zu schöpfen; wo doch ein Geruch herauskommt, der mir so verhaßt ist wie der Rauch aus einem Kalkofen.

Mrs. Ford: Nun gut. Der Himmel weiß, wie ich Euch liebe – und Ihr sollt das schon noch herausfinden!

Falstaff: Bleibe nur bei dieser Gesinnung! Ich will sie verdienen.

Mrs. Ford: Nein, ich muß Euch sagen, Ihr verdient sie schon jetzt, *(bedeutungsvoll)* sonst könnte ich diese Gesinnung ja gar nicht hegen. *Robin tritt eilig auf*

Robin: Mistreß Ford, Mistreß Ford! Mistreß Page steht vor der Tür; sie schwitzt und keucht und schaut ganz wild um sich und muß Euch augenblicklich sprechen.

Falstaff: Sie soll mich nicht sehen. Ich will Deckung suchen, da hinter dem Wandteppich.

Mrs. Ford: Ja, bitte, tut das nur; das Weib ist eine Klatschbase.

Falstaff versteckt sich. Mistreß Page kommt

Was ist los? Was gibts denn?

Mrs. Page *(scheinbar atemlos)*: O, Mistreß Ford, was habt Ihr getan? Ihr seid in Schimpf und Schande, Ihr seid zu Fall gebracht, Ihr seid zugrunde gerichtet! Auf ewige Zeiten!

Mrs. Ford: Aber liebe Mistreß Page, was ist denn geschehen?

Mrs. Page: Ach, Ihr fragt noch, Mistreß Ford! Wo Ihr einen so guten Mann zum Gatten habt, ihm solchen Grund zum Verdacht geben!

Mrs. Ford: Welchen Grund zum Verdacht?

Mrs. Page: Welchen Grund zum Verdacht! Pfui über Euch! Wie hab ich mich in Euch geirrt!

Mrs. Ford: Ja, um Himmels willen, was ist denn los?

Mrs. Page: Euer Gatte ist unterwegs hierher, Unglücksweib! Mit allen Magistratsherren von Windsor, um alles nach einem Gentleman zu durchsuchen, von dem er sagt, er sei jetzt hier im Haus mit Eurem Einverständnis, um von seiner Abwesenheit einen schlimmen Gebrauch zu machen – Ihr seid verloren!

Mrs. Ford: Ich will doch hoffen, daß dem nicht so ist.

Mrs. Page: Gäbe der Himmel, daß es nicht so sei! Daß Ihr keinen solchen Mann hier im Hause habt! Aber das steht fest, Euer Gatte kommt, und halb Windsor auf seinen Fersen, um den Mann zu suchen. Ich bin vorausgelaufen, es Euch sagen … Wenn Ihr Euch unschuldig wißt, na, dann solls mich freuen. Aber wenn Ihr einen Freund bei Euch habt, dann schafft ihn hinaus, nur hinaus … steht nicht so verdutzt da; nehmt Eure fünf Sinne zusammen; schützt Euren Ruf oder sagt Eurem angenehmen Leben auf ewig Lebwohl!

MRS. FORD: Was soll ich tun? Ja, es ist ein Gentleman hier, ein sehr treuer Freund von mir, und ich fürchte weniger meine Schande als seine Gefahr. Ich wollt ihn lieber zum Haus hinaushaben, als daß mir einer tausend Pfund gäbe …

MRS. PAGE: Wenigstens schandhalber hört schon endlich auf mit Eurem »Ihr wolltet lieber dies und das«! Euer Gatte ist gleich da! Denkt nach, wie Ihr den Mann fortschaffen könnt. Im Haus könnt Ihr ihn nicht verstecken … O, wie habt Ihr mich hintergangen! Seht, da ist ein Korb! Wenn er eine halbwegs vernünftige Figur hat, kann er da hineinkriechen – und werft schmutzige Bettlaken auf ihn, als ob es zum Waschen ginge … oder – es ist gerade auch die rechte Zeit für die Bleicher. Laßt ihn doch von Euren zwei Dienern auf die Datchetwiese tragen, zu den Bleichern!

MRS. FORD: Er ist zu dick, er geht da nicht hinein! Was soll ich nur tun? *Falstaff kommt und stürzt sich auf den Korb*

FALSTAFF: Laßt mich sehen, laßt mich sehen, laßt mich doch sehen! Ich will hinein, ich will hinein … folgt nur dem Rat Eurer Freundin … ich will hinein! *Er wirft Wäsche heraus*

MRS. PAGE: Was! Sir John Falstaff?!
(ihm ins Ohr): Also das sind Eure Briefe, Ritter?

FALSTAFF *(klettert in den Korb)*: Ich liebe dich. *(zu Mistreß Page)* Und keine als dich! – Helft mir hier fort! Laßt mich da hineinkriechen … Ich will nie mehr wieder … *Stimmen auf der Straße. Sie werfen schmutzige Tücher in den Korb*

MRS. PAGE: Hilf deinen Herrn zudecken, Junge! Ruft Eure Diener, Mistreß Ford … Ihr heuchlerischer Ritter, Ihr!

MRS. FORD *(ruft)*: He, John! He, Robert! John!
Robin wirft die übrige Wäsche in den Korb und läuft davon. Die Diener kommen
Tragt diese Wäsche da fort, rasch! … Wo ist die Tragstange? Seht nur, wie ihr wieder trödelt! *(sie ziehen eine Tragstange durch die Griffe*

des Korbes) Tragt sie zur Wäscherin auf der Datchetwiese. *(sie heben den Korb, stolpernd unter der Last)* Schnell, schnell, fort!

Die Türe geht auf.

Ford, Page, Caius und Evans treten ein

FORD: Ich bitt euch, kommt nur herein. Wenn mein Verdacht grundlos ist, nun, dann könnt ihr mich auslachen, dann macht euch über mich lustig – dann verdien' ichs... Halt! Wer da? Wohin tragt ihr das?

DIE DIENER: Zur Weißwäscherin, Herr, wohin denn sonst?

MRS. FORD: He, was geht denn das dich an, wohin sie die Wäsche tragen? Zur Wäscherin und auf die Bleiche zum Weißen. Jetzt steckst du deine Nase schon in die Schmutzwäsche in meinem Korb!

FORD: Deinen *Korb*, sagst du? Ja, das ist das rechte Wort! Wenn du wüßtest, wie man einen Korb gibt, dann brauchte ich hier keine Schmutzwäsche zu waschen. Ja, einen Korb geben, einen Korb! Nein, nein, das kannst du nicht! Was du einem gibst, das trägt man nicht an der Tragstange wie einen Korb, das trägt man da! *(er deutet Hörner an seiner Stirne an)* Ja, Schmutzwäsche! Schmutziger als alles in deinem Korb!... Weg damit! Geht mir ans den Augen mit eurem Korb! *Die Diener tragen den Korb weg*

Gentlemen, heut nacht hab ich geträumt. Ich will euch meinen Traum erzählen... Da, da, da habt ihr meine Schlüssel. Geht hinauf in meine Zimmer, durchsucht alles, stöbert, spürt auf! Ich steh euch dafür, wir jagen den Fuchs im Bau auf. *(geht zur Haustür)* Laßt mich ihm erst den Weg hier verstellen. *(sperrt die Haustür zu)* So, jetzt treibt ihn auf!

PAGE: Lieber Meister Ford, faßt Euch doch. Ihr tut Euch selber Schimpf und Schande an.

FORD: Nur allzu wahr, Meister Page! – Auf, auf, Gentlemen – ihr sollt gleich euren Spaß haben... *(steigt die Stiegen hinauf)* Mir nach, ihr Herren!

EVANS: Tas ist firklich phantastische Eifersucht unt Krillen im Kopf!

CAIUS: Pardieu, das is nik die Façon de France, man nicht 'at solche Jalousien in Frankreich!

PAGE: Nun, gehn wir ihm nach, Gentlemen. Sehen wir, was bei seiner Sache herauskommt. *Sie gehen hinauf*

MRS. PAGE: Ausgezeichnet, ist das nicht ein doppelter Spaß?

MRS. FORD: Ich weiß nicht, was mich mehr freut, daß ich meinen Mann drangekriegt habe, oder den Sir John.

Mrs. Page: Ob der nicht Bauchweh gekriegt hat, als Euer Mann gefragt hat, was in dem Korb ist?

Mrs. Ford: Ich fürchte beinahe, er wird es bitter nötig haben, sich zu waschen. Also wird es nur eine gute Tat sein, wenn sie ihn ins Wasser werfen.

Mrs. Page: Hol ihn der Henker, den lügnerischen Schuft! Ich wollte, alle, die sind wie er, wären in der gleichen Patsche.

Mrs. Ford: Ich glaube, mein Mann hat irgendwoher einen bestimmten Verdacht, daß Falstaff hier ist, denn so außer sich vor Eifersucht hab ich ihn noch nie zuvor gesehen.

Mrs. Page: Ich will mir was ausdenken, um dahinterzukommen. Aber dem Falstaff spielen wir noch weitere Streiche. Seine Liederlichkeit wird von dieser einen Medizin noch kaum kuriert sein.

Mrs. Ford: Sollen wir dieses dumme Luder, die Mistreß Schnell, zu ihm hinschicken, uns entschuldigen, daß er ins Wasser geworfen wurde und ihm nochmals Hoffnung machen, damit wir ihn nochmals hineinlegen können?

Mrs. Page: Ja, das tun wir. Bestellen wir ihn für morgen, acht Uhr, damit er sich schadlos halten kann.

Die Männer kommen die Stiege herunter

Ford: Ich kann ihn nicht finden. Vielleicht hat der Lump mit Eroberungen geprahlt, die er gar nicht gemacht hat.

Mrs. Page *(leise)*: Habt Ihr das gehört?

Mrs. Ford: Schön geht Ihr mit mir um, Meister Ford, wirklich! Das muß ich sagen.

Ford: Ja, ja, du hast schon recht.

Mrs. Ford: Der Himmel mache dich besser als das, was du denkst.

Ford: Amen.

Mrs. Page: Ihr tut Euch wirklich großen Schimpf an, Meister Ford.

Ford: Ja, ja, jetzt muß ichs wohl tragen.

Evans: Wenn hier auch nur eine einzige Menschenseele im Haus verporgen ist, in alle Zimmer und Kisten und Kasten, so verkebe mir der Himmel am Tak des jünksten Kerichts keine von meinen Sünden!

Caius: Pardieu, mich auk! Nik eine Mensch!

Page: Pfui, pfui, Meister Ford! Schämt Ihr Euch nicht? Was für ein böser Geist, was für ein Teufel reitet Euch, daß Ihr Euch sowas einbildet? Ich möchte nicht an Euren Gedanken leiden, nicht um alle Schätze im ganzen Windsorschloß.

FORD: Es war mein Fehler, Meister Page, dafür büß ich nun.

EVANS: Ihr püßt für Eure pößen Kedanken. Euer Weip is so eine ehrenhaftike Frau, wie man nicht finten kann unter fünftausent und noch einmal fünfhuntert Feiber!

CAIUS: Pardieu, ik sehen, sie is eine herenwerte Frau!

FORD: Na schön. Ich habe euch eine Mahlzeit versprochen. Kommt, gehn wir ein wenig im Park spazieren. Ich bitt euch, verzeiht mir; ich will nachher auch erklären, warum ich das getan habe... Komm, Frau; kommt Mistreß Page, ich bitt Euch, verzeiht mir... *(nimmt sie an den Händen)* Ich bitt Euch von ganzem Herzen, verzeiht mir!

Mistreß Ford und Mistreß Page ab

PAGE *(zu den anderen)*: Gehen wir, Gentlemen. – Aber, verlaßt euch auf mich, wir wollen ihn aufziehen. Ich lade euch alle ein, kommt morgen zu mir ins Haus zum Frühstück. Dann nachher gehen wir auf die Vogeljagd. Ich hab einen ausgezeichneten Falken ... Ja, macht ihr mit?

FORD: Was immer Ihr wollt.

EVANS: Wenn *einer* mit tapei ist, so will ich kute Kesellschaft sein und ten zweiten machen.

CAIUS: Wenn his dabei herster und his dabei sweiter, ik will sein dreiter!

FORD: Bitte kommt nur, Meister Page. *Beide ab*

EVANS: Ich pitt Euch jetzt, ketenket morgen auf den räudigen lausigen Lumpen, ten Wirt zum Hosenpant.

CAIUS: Is gut, is gut, Pardieu, von ganz mein 'erz.

EVANS: Ein lausiger Pube mit seine Späße und seine plöden Sticheleien. *Beide ab*

4. Szene

Vor Pages Haus.
Fenton und Anne Page

FENTON: Nein, deinen Vater kann ich nicht gewinnen,
Drum, liebste Anne, schick mich nicht mehr zu ihm.

ANNE: Ach Gott, was dann?

FENTON: Nun, dann mußt du du selbst sein...
Er meint, ich sei zu hoher Abkunft und
Wolle mein Gut, das ich verschwendet hätte,

Nun einfach nur durch sein Vermögen heilen.
Er schiebt mir auch noch andere Riegel vor,
Mein wildes Vorleben und zügellosen Umgang –
Er sagt mir, es sei ganz unmöglich, daß ich
Dich anders liebe als nur um dein Geld.

ANNE: Vielleicht hat er da recht.

FENTON: Nein, nein, so helf mir Gott in alle Zukunft!
Ja, ich gesteh: der Reichtum deines Vaters
War meiner Werbung erster Anlaß, Anne.
Doch dann, als Werber, fand ich dich mehr wert
Als goldene Münzen oder volle Beutel,
Und nun bist du es selbst, dein eigner Schatz,
Auf den ich aus bin.

ANNE: Liebster Meister Fenton,
Sucht dennoch meines Vaters Gunst, ja, sucht sie!
Doch wenn Gelegenheit und artiges Bitten
Ihn nicht erweicht, – dann, dann kommt wieder her!

Die Haustür geht plötzlich auf.
Seicht und Schwach kommen mit Mistreß Schnell

SEICHT: Mistreß Schnell, unterbrecht das Gespräch dieser beiden! Mein Vetter soll für sich selbst sprechen.

Sie nähert sich Anne und Fenton

SCHWACH: Pfeil oder Bolzen; jetzt leg ich an! – Wetter, man muß nur wagen!

SEICHT: Nur keine Angst!

SCHWACH: Nein, Angst machen soll sie mir nicht. Davor ist mir gar nicht bange – bloß... ich fürchte mich.

SCHNELL *(zu Anne)*: Hört einmal, Meister Schwach möchte ein Wörtlein mit Euch sprechen.

ANNE: Ich komme zu ihm hin... *(zu Fenton)* Den mag mein Vater!
Welch eine Welt von häßlich-plumpen Fehlern
Gefällt bei dreihundert Pfund Jahresrente!

SCHNELL *(stellt sich zwischen sie)*: Und wie gehts unserem lieben, guten Meister Fenton? Gestatten, ein Wort mit Euch. *Anne geht*

SEICHT: Sie kommt! Auf sie los, Vetter! Junge, Junge! Du hast doch einen Vater gehabt!

SCHWACH: Ich habe einen Vater gehabt, Jungfer Anne. – Mein Onkel hier kann Euch wirklich lustige Geschichten von ihm erzählen.

Ach, bitt Euch, Onkel, erzählt doch der Jungfer Anne diese lustige Geschichte, wie mein Vater zwei Gänse gestohlen hat, aus ein und demselben Stall… aus einem Hühnerstall!… Ja, lieber Onkel?

SEICHT: Jungfer Anne, mein Vetter liebt Euch.

SCHWACH: Ja, das ist wahr, so sehr wie ich nur irgendein Frauenzimmer in ganz Gloucestershire liebe!

SEICHT: Er wird Euch halten wie eine Edelfrau.

SCHWACH: Jawohl, das will ich; mit all meinem Vieh, wies kommt, mit coupierten Schwänzen oder mit langen – so gut ein schlichter Landedelmann das vermag.

SEICHT: Er wird Euch ein Wittum von hundertfünfzig Pfund aussetzen.

ANNE: Bester Meister Seicht, laßt ihn doch für sich selbst werben.

SEICHT: Wahrhaftig, dafür dank ich Euch! Ich dank Euch für dieses freundliche Wort… Vetter, sie ruft Euch. Ich laß euch allein miteinander. *Er geht*

ANNE: Nun, Meister Schwach?

SCHWACH *(zupft an seinem Bart)*: Nun, werte Jungfer Anne?

ANNE: Nun, zu guter Letzt: was ist Euer Wille?

SCHWACH: Mein letzter Wille?! Nein, Potzsappermentchen, das ist aber wirklich ein lustiger Spaß! Ich hab doch, dem Himmel sei Dank, noch gar keinen Willen aufgesetzt. Ich bin nicht so ein kränkliches Geschöpf, der Himmel sei gepriesen, daß ich schon an meinen letzten Willen denken müßte.

ANNE: Was ich meine, Meister Schwach, war: was wollt Ihr von mir?

SCHWACH *(schlägt die Augen nieder)*: Ja, richtig. Also was mich für mein Teil betrifft, ich wollte, eigentlich wenig oder gar nichts von Euch… Euer Vater und mein Onkel, die waren es, die da etwas in Gang bringen wollten. Wenn mein Glück so will, so solls gut sein. Wenn nicht – nun ja, wer's Glück hat, der führt die Braut heim. Wie die Dinge liegen, das können die beiden Euch besser sagen als ich. Ihr könnt Euren Vater fragen: da kommt er gerade.

Page und seine Frau kommen

PAGE: Nun, Meister Schwach? – Den lieb du, Tochter Anne!… He, was da?! Was tut Meister Fenton hier?
Ihr tut mir Schimpf an, Sir, daß Ihr mir noch ins Haus kommt…
Ich sagt Euch, meine Tochter ist vergeben.

FENTON: Ach, Meister Page, seid nicht so ungehalten.

Mrs. Page: Nein, lieber Meister Fenton, kommt nicht wieder
Zu meinem Kind.
Page: Denn sie ist nicht für Euch.
Fenton: Sir, hört mich an!
Page: Nein, lieber Meister Fenton…
Kommt, Meister Schwach, ins Haus! Komm, mein Sohn Schwach!…
Fenton, Ihr handelt gegen meinen Willen.
Das wißt Ihr selber. *Page, Seicht und Schwach gehen ins Haus*
Schnell *(beiseite zu Fenton)*:
Sprecht zu Mistreß Page.
Fenton: Ach, beste Mistreß Page, da ich für Eure Tochter
Ehrliche Liebe hege in lauterer Absicht,
Muß ich trotz aller Abwehr, ja selbst vorlaut,
Die Fahne meiner Liebe vorwärts tragen,
Ohne zu weichen… Gönnt mir Euren Beistand!
Anne: Oh, Mutter, gib mich nicht dem Tropf dort drinnen!
Mrs. Page: Nein, nein. Ich such dir einen bessern Mann.
Schnell: Wie meine Herren, den Herrn Doktor Caius.
Anne: Nein! Grabt mich lieber ein bis an den Hals
Und werft mich tot mit Rüben!
Mrs. Page: Kommt, faßt Euch, lieber Meister Fenton! – Ich will
Nicht *für* Euch sein und auch nicht *gegen* Euch.
Ich will mein Kind fragen, ob sie Euch liebt,
Und wie sie denkt, so will auch ich entscheiden.
Für jetzt lebt wohl, Sir; sie muß jetzt ins Haus –
Ihr Vater wird sonst böse. *Mistreß Page geht ins Haus.*
Anne kommt nach und wendet sich in der Tür um
Fenton: Lebt wohl, werte Frau Page! Leb wohl, geliebte Anne!
Schnell: Seht Ihr, das war mein Werk: »Nein«, sag ich, »wollt Ihr Euer Kind an so einen Tropf wegwerfen oder an so einen Doktor? Da seht doch einmal den Meister Fenton an!« Das war mein Werk.
Fenton: Ich dank dir, und ich fleh dich an, heut nacht
Steck meiner süßen Anne den Ring da zu.
Und hier für deine Mühe… *Er gibt ihr Geld und geht*
Schnell: Der Himmel schenk dir Glück und Segen! – Er hat halt ein goldenes Herz: was eine Frauensperson ist, das möchte ja durch Feuer und Wasser gehen für so ein goldenes Herz… *(steckt das Geld ein)* Und doch, ich wollte, mein Herr kriegte die Jungfer Anne,

oder Meister Schwach; oder, wirklich wahr, ich wollte, daß Meister Fenton sie kriegt. Ich will halt für alle drei tun, was ich kann, denn ich habs ihnen allen versprochen, und mein Wort will ich redlich halten … Aber besonders dem Meister Fenton … Gott, da muß ich ja noch für meine beiden Kundinnen zu Sir John Falstaff gehen, ihm was bestellen! Das hab ich schon wieder vertrödelt, ich Schaf!

Eilig ab

5. Szene

Zimmer im Gasthaus zum Hosenband. Falstaff kommt aus seinem Zimmer

FALSTAFF: Bardolph! He, Bardolph! *Bardolph läuft herein*

BARDOLPH: Hier, Sir.

FALSTAFF: Geh, bring mir ein Quart Sherry – tu eine Schnitte Röstbrot hinein. *Bardolph ab*

Mußt' ich das erleben, in einem Korb weggetragen zu werden wie die Abfälle beim Fleischer, und in die Themse geworfen zu werden? Wirklich, wenn mir nochmals so etwas passiert, dann will ich mir das Hirn herausnehmen und in Butter braten lassen und es einem Hund als Neujahrsgeschenk hinwerfen … Wie mich diese Schurken in den Fluß gekippt haben! Die haben sich genauso wenig daraus gemacht, als ob sie einer Hündin ihre blinden Jungen ertränkt hätten, fünfzehn auf einen Wurf … Und dabei kann man mir doch an meiner Statur ansehen, daß ich eine gewisse Neigung zum Untergehen habe. Wenn der Grund auch so tief wäre wie die Hölle selbst, ich müßte doch hinunter! Ich wäre auch ganz sicher ertrunken, nur daß das Ufer seicht und sandig war … Ein Tod, den ich verabscheue! Denn vom Wasser quillt der Mensch auf, und was wäre aus mir geworden, wenn ich aufgequollen wäre? Ich wäre ein Berg von toter Materie gewesen. *Bardolph kommt mit zwei Bechern Sherry*

BARDOLPH: Mistreß Schnell ist da, Sir; sie will Euch sprechen.

Er stellt die Becher auf den Tisch

FALSTAFF *(nimmt einen)*: Komm, laß mich ein wenig Glühwein auf all das Themsewasser gießen, denn mein Bauch ist so kalt, als hätt ich Schneebälle als Pillen verschluckt, um mir die Nieren zu kühlen … *(er leert den Becher)* Ruf sie herein.

BARDOLPH: Kommt herein, Frau! *Mistreß Schnell kommt*

SCHNELL: Mit Verlaub – bitt Euch um Verzeihung, – ich wünsch Euer Gnaden einen guten Morgen!

FALSTAFF *(leert den zweiten Becher)*: Nimm diese Kelche da weg. Geh, mach mir noch zwei Quart Sherry heiß, extra fein.

BARDOLPH: Mit Eiern, Sir? *Nimmt die leeren Becher*

FALSTAFF: Nein, ohne alles. Ich will keinen Hühnersamen in meinem Gebräu haben … *(Bardolph ab)* Nun, was wollt Ihr?

SCHNELL: Ach, Sir, ich komm von der Mistreß Ford, sie schwimmt in Tränen wegen gestern.

FALSTAFF: Mistreß Ford? … Schwimmt? Nein, nein, von Schwimmen will ich nichts mehr hören! Mich hat man schwimmen lehren wollen. Das Schwimmen hab ich satt bis da hinaus.

SCHNELL: Ach, so ein Unglück! Aber das liebe Herz kann doch da nichts dafür! Sie hat ihre zwei Mannsbilder von Dienern so heruntergeputzt. Die haben nicht verstanden, was ihnen ansteht.

FALSTAFF: Ich hab auch nicht verstanden, was mir ansteht, daß ich mich auf die Versprechungen eines törichten Frauenzimmers verlassen habe.

SCHNELL: Ja, aber sie lamentiert darüber, daß es Euch das Herz im Leibe umdrehen würde, es zu sehen! Ihr Mann geht heute morgen auf die Vogeljagd. Sie bittet Euch, noch das eine Mal zu ihr zu kommen, zwischen acht und neun. Ich muß Bescheid geben, so rasch ich kann. Sie wird Euch für alles schadlos halten, das garantier ich Euch.

FALSTAFF: Nun gut, ich will ihr eine Visite machen. Sagt ihr das. Und sagt ihr auch, sie soll bedenken, was der Mensch ist; sie soll seine Schwachheit in Erwägung ziehen, und danach mag sie meine Verdienste beurteilen.

SCHNELL: Ich wills ihr sagen.

FALSTAFF: Tu das … zwischen neun und zehn, sagst du?

SCHNELL: Acht und neun, Sir.

FALSTAFF: Gut, geh nur. An mir solls nicht fehlen.

SCHNELL: Friede sei mit Euch. Sir. *Sie geht*

FALSTAFF: Mich wundert, daß ich von Meister Bach nichts höre. Er hat mir doch sagen lassen, ich möchte zu Hause warten. Sein Geld ist mir gerade recht … Ah, da kommt er schon.

Ford tritt auf, verkleidet als Bach

FORD: Gott grüß Euch, Sir.

Falstaff: Meister Bach, Euch will ich nichts vorlügen. Ich war bei ihr im Haus, zur Stunde, auf die sie mich bestellt hatte –

Ford: Und wie ging es, Sir?

Falstaff: Mehr als übel, Meister Bach.

Ford: Aber wieso, Sir? Hat sie sichs anders überlegt?

Falstaff: Nein, Meister Bach, – aber dieses argwöhnische Hornvieh von Hörnerträger, ihr Gatte, Meister Bach! Der in einem ewigen Aufruhr von Eifersucht lebt, kommt gerade im Augenblick unserer Begegnung dazwischen, als wir uns schon umarmt, geküßt, ewige Liebe geschworen und sozusagen den Prolog unserer Komödie schon gesprochen hatten. Und ihm auf den Fersen eine ganze Rotte seiner Spießgesellen, die er in seiner Wut angestachelt und aufgehetzt hatte; und er beginnt wahrhaftig das ganze Haus nach dem Liebhaber seiner Frau zu durchsuchen.

Ford: Was! Während Ihr dort wart?

Falstaff: Während ich dort war.

Ford: Und hat er Euch gesucht und konnte Euch nicht finden?

Falstaff: Hört nur … Das einzige Glück war noch, daß eine gewisse Mistreß Page hereinkommt und meldet, daß Ford auf dem Weg zum Haus ist … Und sie hatte auch einen Einfall, den die Ford in ihrer Verzweiflung aufgriff … und so steckten sie mich in einen Waschkorb.

Ford: In einen Waschkorb?

Falstaff: Ja, so helf mir Gott, in einen Waschkorb. Haben mich hineingepfercht mit schmutzigen Männer- und Weiberhemden und Socken und schmutzigen Strümpfen und schmierigen Tischtüchern – Meister Bach, ich sag Euch, es war das fauligste Gebräu von widerwärtigen Gerüchen, das je ein Nasenloch beleidigt hat.

Ford: Und wie lange seid Ihr in dem Korb gelegen?

Falstaff: Nein, hört nur an, Meister Bach, was ich alles ausgestanden habe, um dieses Weib zu Euerm Besten zum Bösen zu verführen … Will sagen, um sie Euch zuliebe zu meiner Liebsten zu machen … Also, als ich so in den Korb eingepfercht war, da kamen zwei von Fords Lumpenhunden, seine Knechte, weil ihre Herrin sie gerufen hatte, um mich als Schmutzwäsche auf die Datchetwiese zu tragen. Sie nahmen mich auf die Schultern, und da, in der Tür, stießen sie auf diesen eifersüchtigen Schuft, ihren Herren, der sie ein- oder zweimal fragte, was sie denn da in ihrem Korb hätten. Ich zitterte vor Furcht, daß der wahnsinnige Lump gar noch den Korb durchsucht, aber das Schicksal hatte beschlossen, ihn zum Hahnrei zu machen und hielt seine Hand zurück. Kurz, er ging ins Haus, auf der Suche, und ich ging auf die Wiese, in die Wäsche, in die Wäsche. – Aber paßt nur auf, was weiter geschah, Meister Bach! Ich erlitt dreierlei verschiedene Todesqualen. Erstens die unerträgliche Angst, von so einem eifersüchtigen, muffigen Leithammel entdeckt zu werden; zweitens zusammengebogen wie eine gute Klinge aus Bilboa- oder Damaszenerstahl zugrunde zu gehen, verkrümmt auf den Umfang eines Viertelscheffels, das Heft an der Spitze, die Fersen am Kopf … zudem noch zugepfropft wie starker Brantwein, aber mit stinkender Wäsche, gärend in ihrem eigenen Fett … Bedenkt das nur – ein Mann von meinem Schlag … bedenkt das, ich, der ich in der Hitze hilflos bin wie Butter … ein Mann, der in beständigem Schmelzen und Zerfließen begriffen ist! Es war ein Wunder, daß ich dem Erstickungstod entging. Und dann, auf dem Höhepunkt dieses Schwitzbades, als ich im Fett schon halb geschmort war wie ein holländisches Spezialgericht, wurde ich in die Themse geworfen und abgekühlt – abgeschreckt wie ein Hufeisen, nach einer solchen Gluthitze, und in solchem Wasser! Bedenkt das – zischend heiß; bedenkt das, Meister Bach!

FORD: Sir, ich bedaure allen Ernstes, daß Ihr das alles um meinetwillen erduldet habt … So stehts also verzweifelt um meine Sache: Ihr werdet es doch nicht nochmals mit ihr versuchen?

FALSTAFF: Meister Bach, ich will mich in den Ätna werfen lassen, so wie ich in die Themse geworfen wurde, ehe ich so von ihr ablasse! … Ihr Mann ist heute morgen auf die Vogeljagd gegangen. Ich habe von ihr ein zweites Stelldichein erhalten. Zwischen acht und neun ist die Stunde, Meister Bach.

FORD: Es ist schon acht Uhr vorüber, Sir!

FALSTAFF: Wirklich? Dann will ich mich gleich aufmachen und auf meinen Posten gehen … Kommt wieder zu mir, wenn Ihr Zeit und Lust habt, und Ihr sollt erfahren, was ich erreicht habe. Und zum Schluß wollen wir dem ganzen die Krone aufsetzen, daß Ihr sie genießt … Adieu, Ihr sollt sie haben, Meister Bach! Meister Bach, Ihr sollt diesem Ford Hörner aufsetzen! *Er geht*

FORD: Hm … ha! Ist das ein Trugbild? Ist das ein Traum? Schlaf ich? Meister Ford, wach auf! Wach auf, Meister Ford! Man reißt ein Loch in deinen besten Rock, Meister Ford… Ja, so gehts, wenn man verheiratet ist, so gehts, wenn man Weißzeug hat und Waschkörbe!… Nun gut, ich selbst will öffentlich bekanntgeben, was ich bin! Ich will diesen Lüstling zu fassen kriegen! Er ist in meinem Haus, er kann mir nicht entwischen, unmöglich! Er kann sich nicht in eine Groschenbörse verkriechen und auch nicht in ein Pfefferfäßchen… Aber damit der Teufel, der seine Schritte lenkt, ihn mir nicht entrückt, will ich auch die unmöglichsten Plätze durchsuchen… Wenn ich schon nicht abschütteln kann, was zu tragen mein Los ist, so will ichs doch nicht geduldig tragen, daß ich sein muß, was ich nicht mag. Wenn ich Hörner tragen muß, daß ich wütend werden könnte davon, so will ich auch wüten und diesen Schurken auf die Hörner nehmen! *Er eilt hinaus*

Vierter Akt

1. Szene

Straße in Windsor. Mistreß Page kommt mit Mistreß Schnell und William

Mrs. Page: Ist er schon bei Meister Ford, was glaubst du?

Schnell: Jetzt ist er sicher schon dort, oder wenigstens wird er gleich dort sein. Aber ich sag Euch, er ist ganz kurios vor Wut und Raserei, vonwegen wie er ins Wasser geworfen wurde… Mistreß Ford läßt Euch bitten, Ihr möchtet schnurstracks zu ihr kommen.

Mrs. Page: Ich komm gleich zu ihr. Ich bringe nur erst meinen kleinen Mann hier zur Schule… Ah, da kommt ja sein Lehrer! Da haben sie heute sicher schulfrei… *Evans kommt*
Gott zum Gruß, Sir Hugh, keine Schule heute?

Evans: Nein. Meister Schwach hat tie Puben freikekepen.

Schnell: Gelobt sei sein gutes Herz!

Mrs. Page: Sir Hugh, mein Mann sagt, mein Sohn lernt aus seinem Buch rein gar nichts. Ich bitt Euch, stellt ihm doch ein paar Fragen aus der Grammatik.

Evans: Komm her zu teinem Lehrer, Filliam. Kopf hoch, halt tich krad, komm.

MRS. PAGE: Komm nur, Bub. Kopf hoch, antworte deinem Lehrer. Fürchte dich nicht.

EVANS: Filliam, wieviel *numeri* kann man im *nomen* hapen?

WILLIAM: Zwei.

SCHNELL: Das hab ich aber nie gewußt! Ich hab geglaubt, in einem Omen kann man soviel Kummer haben, wie nur was.

EVANS: Still ta mit Eurem Keschwätz! Fas ist »schön«, Filliam?

WILLIAM: Pulcher.

SCHNELL: Pulver? Ich wüßt mir was schöneres als Pulver, wenigstens als die von meinem Herrn, dem Herrn Doktor Caius.

EVANS: Ihr seit ein furchtpar einfältikes Feip! Ich pitt Euch, schweikt. – Fas ist »lapis«, Filliam?

WILLIAM: Ein Stein.

EVANS: Und fas ist ein Stein, Filliam?

WILLIAM: Ein Kiesel, zum Beispiel.

EVANS: Nein! Ein Stein ist »lapis«. Ich pitte dich, pedenke tas in teinem Kehirn.

WILLIAM: Lapis.

EVANS: Kut, kut, Filliam ... Fas ist tas, Filliam, fon tem wir tie Artikel entlehnen?

WILLIAM: Die Artikel werden vom Pronomen entlehnt und werden folgendermaßen dekliniert: Singulariter, nominativo: hic, haec, hoc.

EVANS: Nominatifo: hig, hag, hog. Ich pitt tich, verkiß nicht: genitivo, huius. Unt nun, fas ist tein casus accusativus?

WILLIAM: Accusativo, hinc.

EVANS: Ich pitte tich, pesinne tich, Kint: accusativo, hung, hang, hog.

SCHNELL: Hing, häng, hang, hoch? Zum Henker, das ist ja ein wahres Diebs- und Galgenlatein! – Nein, so eine Sprache!

EVANS: Seit keine solche Plaudertasche, Feip! ... Fas ist ter casus focatifus, Filliam?

WILLIAM *(kratzt sich am Kopf)*: O! vocativo – O.

EVANS: Tenk tran, Filliam: focatif is caret.

SCHNELL: Und das ist ein guter Tropfen!

EVANS: Feipspilt, keht fort!

MRS. PAGE: Still!

EVANS: Fas ist tein casus genitivus pluralis, Filliam?

WILLIAM: Genitiv plural?

EVANS: Jafohl.
WILLIAM: Genitiv – horum, harum, horum.
SCHNELL: Was für einer Jenny ihre Diebe? Pfui, Kind, so was nimm gar nicht in den Mund, von Huren und ihren Haaren und ihren Ohren!
EVANS: Schämt Euch fas, Feipspilt!
SCHNELL: Ihr versündigt Euch, dem Kinde solche Worte beizubringen! Er lehrt ihn da hocken und hacken; und alles, das dazu gehört; als ob sie das nicht schnell genug von alleine lernen würden. Und ›horum‹ sagen! Pfui über Euch!
EVANS: Feipspilt, pist du fahnfitzig? Hast tu tenn kar kein Orkan im Leip für tie Fälle in Einzahl unt Mehrzahl unt tas Keschlecht, fas tabei sein muß? Tu pist tas tümmste Mensch ter kanzen Kristenheit, tas man sich nur vorstellen kann!
MRS. PAGE *(zu Schnell)*: So sei doch bitte schon still!
EVANS: Nun, Filliam, sak mir etliche Teklinationen vom Pronomen.
WILLIAM: Herrje, ich habs vergessen.
EVANS: Tas heißt qui, quae, quod. Fenn tu teine quis unt teine quaes unt teine quods verkißt, tann mußt tu keprükelt ferten … Nun keh unt spiel, keh!
MRS. PAGE: Er hat aber doch mehr gelernt als ich glaubte.
EVANS: Er hat ein kutes aufgefecktes Ketächtnis … Lebt fohl, Mistreß Page. *Er geht weiter*
MRS. PAGE: Adieu, lieber Sir Hugh: Geh nach Hause, Junge … Komm, wir haben uns zu lange aufgehalten.

Sie geht mit Mistreß Schnell ab

2. Szene

Zimmer in Fords Haus.
Falstaff und Mistreß Ford treten auf

FALSTAFF: Mistreß Ford, Euer Kummer hat meine Leiden ganz und gar verzehrt! Ich sehe, Ihr seid willfährig in Eurer Liebe, und ich schwöre Euch, dies haargenau zu erwidern, und zwar, Mistreß Ford, nicht allein in der simplen Dienstleistung der Liebe selbst, sondern in allen ihren Verzierungen, Ausschmückungen und Zeremonien!… Aber seid Ihr diesmal sicher, was Euren Mann betrifft?
MRS. FORD: Er ist auf der Vogelbeize, liebster Sir John.

MRS. PAGE *(ruft von draußen)*: He, Gevatterin Ford! He!

MRS. FORD *(öffnet eine Tür)*: Geht in die Kammer, Sir John!

Falstaff ab.

Mistreß Page kommt

MRS. PAGE: Wie gehts, mein Herzchen? Wer ist außer Euch noch im Haus?

MRS. FORD: Außer mir? Niemand als meine Bedienten.

MRS. PAGE: Wirklich wahr?

MRS. FORD: Gewiß doch! *(flüstert)* Sprich lauter.

MRS. PAGE: Nun, Gott sei Dank und Lob! Da bin ich aber heilfroh, daß Ihr niemand bei Euch habt.

MRS. FORD: Warum denn?

MRS. PAGE: Warum, Herzchen? Weil Euer Gatte schon wieder seine alten Grillen im Kopf hat. Er hat drüben mit meinem Mann lauten Zank angefangen; er schimpft so auf alle Ehemänner, er schleudert solche Flüche gegen alle Evastöchter, wie immer sie aussehen mögen, und er schlägt sich so heftig gegen die Stirn und schreit dabei: »Kommt nur heraus, kommt nur heraus!«, daß alle Raserei, die ich bis jetzt gesehen habe, im Vergleich mit seinem jetzigen Rasen die reine Sanftmut, Höflichkeit und Geduld ist … Ich bin nur froh, daß der dicke Ritter nicht hier ist.

MRS. FORD: Wieso? Spricht er von ihm?

MRS. PAGE: Von nichts sonst als ihm – und er schwört, das letzte Mal, daß er nach ihm gesucht hat, ist er in einem Korb hinausgetragen worden. Er redet meinem Mann ein, daß er jetzt hier ist, und er hat ihn und die ganze übrige Gesellschaft von der Vogelbeize weggeholt, um noch ein zweites Probestück seiner Eifersucht abzulegen. Nein, bin ich froh, daß der Ritter nicht hier ist; jetzt soll er nur selbst sehen, wie töricht er ist.

MRS. FORD: Wie nah ist er denn schon, Mistreß Page?

MRS. PAGE: Ganz in der Nähe, am Anfang der Straße. Er wird gleich da sein.

MRS. FORD: Ich bin verloren! – Der Ritter ist hier.

MRS. PAGE: Was? Dann seid Ihr ganz und gar in der Schande, und er ist ein toter Mann! Was seid Ihr aber auch für eine Frau!? Fort mit ihm! Fort mit ihm! Besser Schande als Mord!

MRS. FORD: Aber wo soll er hin? Wohin steck ich ihn? Soll ich ihn wieder in den Korb tun?

FALSTAFF *(springt hervor)*: Nein, in den Korb geh ich nicht wieder!… Kann ich nicht aus dem Haus, bevor er kommt?

MRS. PAGE: Du meine Güte, nein! Drei von Meister Fords Brüdern halten Wache an der Haustür, mit Pistolen, daß keiner zum Haus hinaus kann. Sonst hättet Ihr entschlüpfen können, bevor er noch kommt. – Aber was treibt Ihr auch hier?

FALSTAFF: Was soll ich tun? Ich kriech in den Kamin hinauf.

MRS. PAGE: In den feuern sie aber immer ihre Vogelflinten ab, wenn sie sie entladen:… Kriecht doch lieber in den Herd.

FALSTAFF: Wo ist der?

MRS. FORD: Dort wird er nachsehen, glaubt mir… Kein Schrank, kein Koffer, keine Kiste, keine Truhe, kein Brunnen, kein Keller, den er nicht ganz genau im Kopf hat; er geht sie durch wie nach einer Liste… Im Haus könnt Ihr Euch nicht verstecken.

FALSTAFF *(in die Enge getrieben)*: Dann geh ich aus dem Haus.

MRS. PAGE: Wenn man Euch so erkennt, seid Ihr tot, Sir John. Außer, wenn Ihr verkleidet aus dem Haus geht.

MRS. FORD: Wie könnten wir ihn verkleiden?

MRS. PAGE: Mein Gott, das weiß ich nicht! Es ist nirgends ein Kleid, das groß genug für ihn wäre. Sonst könnte er einen Hut aufsetzen, einen Schal umnehmen und einen Schleier; so könnte er schon durchkommen.

FALSTAFF: Liebste Herzenskinder, laßt euch was einfallen! Lieber das Ausgefallenste als ein Unglück!

MRS. FORD: Die Tante meiner Magd, die dicke Alte aus Brentford, hat ein Kleid oben.

MRS. PAGE: Das wird ihm passen, ich sags Euch! Sie ist genauso dick wie er, und dazu ihr Schlapphut und ihr Schal!… Lauft hinauf, Sir John!

MRS. FORD: Geht, geht, liebster Sir John!… Mistreß Page und ich werden Euch noch etwas Leinenzeug für Euren Kopf suchen.

MRS. PAGE: Schnell, schnell! Wir kommen gleich hinauf und machen Euch zurecht. Zieht einstweilen das Kleid an.

Falstaff läuft die Treppe hinauf

MRS. FORD: Ich hoffe nur, mein Mann trifft ihn in diesem Aufzug. Er kann nämlich die Alte aus Brentford nicht ausstehen. Er schwört, sie ist eine Hexe. Er hat ihr verboten, mein Haus zu betreten! Er hat ihr gedroht, sie zu schlagen!

Mrs. Page: Der Himmel führe ihn zu deines Mannes Knüppel, und der Teufel führe dann den Knüppel selber!

Mrs. Ford: Aber kommt mein Mann denn wirklich?

Mrs. Page: Ja, ja, allen Ernstes. Er kommt, und er spricht auch wirklich von dem Waschkorb, wo immer er das her hat.

Mrs. Ford: Ah, das wollen wir herausfinden. Ich werde nämlich meinen Dienern sagen, daß sie den Korb wieder forttragen sollen, so daß er sie mit dem Korb bei der Tür trifft, genau wie voriges Mal.

Mrs. Page: Ja, aber er wird gleich hier sein! – Also hinauf, und machen wir ihn zurecht wie die Hexe von Brentford.

Mrs. Ford: Erst sag ich noch meinen Dienern, was sie mit dem Waschkorb tun sollen … Geh du hinauf, ich bring gleich Leinenzeug für ihn.

Mrs. Page: Dieser Henkersbraten, dieser lüsterne Strolch! Alles, was wir ihm antun, ist noch zu wenig.

Mistreß Ford geht, Mistreß Page steigt die Stiegen hinauf

Wir zeigens klar, und jeder siehts im Schlaf:
Ein Weib kann lustig sein und dennoch brav.
Dem Hund gleich, der zwar bellt, doch harmlos ist.
Die *stille* Sau ists, die am meisten frißt!

Mistreß Ford kommt mit zwei Dienern zurück

Mrs. Ford: Geht, meine Lieben, nehmt den Korb wieder auf die Schultern; euer Herr ist dicht vor der Tür. Wenn er euch befiehlt, den Korb niederzusetzen, so gehorcht ihm … Also schnell, los!

Sie nimmt Leinen und geht die Treppen hinauf

Erster Diener: Komm, heb ihn hoch.

Zweiter Diener: Der Himmel gebe, daß nicht wieder so ein Klotz von Ritter drin ist.

Erster Diener: Hoffentlich nicht, da trag ich noch lieber einen Klumpen Blei.

Sie nehmen den Korb hoch. Die Tür geht auf;
Ford, Page, Seicht, Caius und Evans kommen

Ford: Ah, wenns aber doch wahr ist, Meister Page? Könnt Ihr mir dann den Narren, den Ihr mich nennt, wieder abnehmen? *(der Korb fällt ihm ins Auge)* Setz den Korb ab, Schurke! Ruf einer mein Weib! – Ein junger Herr im Korbe? … O ihr kupplerischen Schlingel! – Ein einziges großes Komplott, eine einzige Bande, alles eine Verschwörung gegen mich! … Aber jetzt soll der Teufel zu Schanden werden! – *(ver-*

schluckt sich)... Weib, was ist denn?!... Komm, wo steckst du denn? Schau nur, was für saubere Wäsche du da auf die Bleiche schickst!

PAGE: Nein, das ist zuviel, Meister Ford! Euch darf man gar nicht mehr frei herumlaufen lassen! Ihr gehört angebunden!

EVANS: Ja, ter Mann ist firklich montsüchtig! Er ist tollfütig, fie ein tollfütiker Hunt!

SEICHT: In der Tat, Meister Ford, das ist nicht, wie es sein soll; in der Tat nicht.

FORD: Da bin ich ganz Eurer Meinung, Sir!

Mistreß Ford erscheint auf der Galerie

Kommt nur schön her, Mistreß Ford! *(zeigt auf sie, während sie die Treppe herunterkommt)* Mistreß Ford! Die ehrbare Frau! Die sittsame Gattin! Das tugendsame Geschöpf! Das diesen eifersüchtigen Narren zum Mann hat... *(sie steht ihm gegenüber)* Der Verdacht, den ich hege, ist natürlich grundlos, was?

MRS. FORD: Ja, und der Himmel ist mein Zeuge, falls du irgend etwas Unrechtes an mir vermutest.

FORD: Gut gesagt, und sie zuckt dabei mit keiner Wimper!... Nur sehn, ob du das auch durchhalten kannst?... Heraus mit dir, Bürschchen! *Reißt die Wäsche wütend heraus*

PAGE: Das geht zu weit!

MRS. FORD: Schämst du dich nicht? Laß doch die Wäsche in Ruh!

FORD: Gleich werd ich dich haben!

EVANS: Tas ist kanz unvernünftik! Follt Ihr tie Unterfäsche Eurer Frau anziehen? *(zu den anderen)* Kommt, kehen wir ta fort!

FORD *(zu den Dienern)*: Leert den Korb aus! Auf der Stelle!

MRS. FORD: Aber warum, Mann? Warum denn?

FORD: Meister Page, so wahr ich ein Mann bin, in diesem Korb ist gestern einer aus meinem Haus hinausgeschwindelt worden. Nun, kann er nicht heute gerade so gut wieder drinstecken? Hier im Haus ist er, das weiß ich ganz gewiß. Wenn ich richtig informiert bin, so habe ich guten Grund zur Eifersucht. Heraus mit der ganzen Wäsche! *Page hilft ihm*

MRS. FORD: Wenn du da einen Mann drin findest, so soll er sterben wie ein Floh!

PAGE: Da ist kein Mann drin. *Er stülpt den leeren Korb um*

SEICHT: Meiner Treu, das ist nicht, wie es sein soll, Meister Ford. Damit tut Ihr Euch nur Schimpf an.

EVANS: Meister Ford, Ihr müßt peten, und Ihr türft nicht ten Trugpildern Eures Herzens nachkeben: tas ist nur tie Eifersucht!

FORD: Nun ja; hier ist der, den ich suche, nicht.

PAGE: Nein, und auch nirgends sonst als in Eurem Hirn.

FORD: Helft mir das Haus durchsuchen, nur dies eine Mal: Wenn ich nicht finde, was ich suche, dann braucht ihr meine Ausgefallenheiten nie mehr zu entschuldigen. Dann könnt ihr mich bei Tisch auf ewig verspotten und zum Sprichwort machen: »So eifersüchtig wie der Ford, der eine hohle Walnuß nach dem Galan seiner Frau durchsuchte.« Nur einmal tut mir noch den Gefallen, einmal noch helft mir suchen!

MRS. FORD: He, Mistreß Page, kommt herunter, Ihr und das alte Weib! Mein Mann will in die Kammer hinauf.

FORD: Das alte Weib! – Was für ein altes Weib?

MRS. FORD: Ach nur die Tante meiner Magd, die Alte aus Brentford.

FORD: Diese Hexe? Diese Vettel? Diese alte, betrügerische Vettel!? Hab ich ihr nicht mein Haus verboten? Die kommt hier Post bestellen, was? Wir sind nur einfältige Leute; wir wissen nicht, was unter dem Deckmantel der Wahrsagerei alles ins Werk gesetzt wird! ... Die macht sich mit Zaubereien und Sprüchen und Zeichendeuten und dergleichen Firlefanz zu schaffen. Da kommen wir nicht mit, da wissen wir nichts davon ... *(er nimmt seinen Knüppel von der Wand)* Komm nur herunter, du Hexe, du Vettel, du! Komm nur herunter, hörst du!

MRS. FORD: Nein, liebster, bester Mann! – Gentlemen, laßt ihn doch die alte Frau nicht schlagen!

Falstaff kommt in Frauenkleidern herunter, geführt von Mistreß Page. Am unteren Ende der Treppe zögert er

MRS. PAGE: Kommt, Mutter Schnarr. Kommt, gebt mir die Hand.

FORD: Ich will ihr was schnarren!... *Falstaff läuft, Ford prügelt* Zur Tür hinaus, du Hexe, du Fetzen, du Bagage, du Stinktier, du Luder! Raus, raus! Ich will dir was zaubern! Ich will dir was wahrsagen! *Falstaff entwischt auf die Straße*

MRS. PAGE: Schämt Ihr Euch nicht? Ich glaube, Ihr habt das arme Weib erschlagen.

MRS. FORD: Nein, aber soweit bringt ers auch noch! Da hast du dich aber wirklich ausgezeichnet.

FORD: Ach, hol der Henker die Hexe! *Er geht die Treppe hinauf*

EVANS: Pei meiner Treu, ich klaup, tas Feip ist wirklich eine Hexe. Ich haps nicht kern, fenn ein Feip einen kroßen Part hat. Ich hap einen großen Part kesehen unter ihrem Schal.

FORD *(von der Galerie)*: Wollt ihr kommen, Gentlemen? Ich flehe Euch an, kommt mir nach! Seht wenigstens, was bei meiner Eifersucht herauskommt. Wenn ich auf falscher Fährte gebellt hab, so traut mir nie wieder, wenn ich zu knurren beginne.

PAGE: Gut, wollen wir seiner Laune noch ein wenig nachgeben ... Kommt, Gentlemen. *Sie gehen ihm nach*

MRS. PAGE: Meiner Treu, er hat ihn aber ganz erbärmlich geschlagen.

MRS. FORD: Nein, bei allen Heiligen, im Gegenteil! Ich finde, er hat ihn ganz erbarmungslos geschlagen.

MRS. PAGE: Ich würde seinen Knüppel weihen und überm Altar aufhängen lassen; der hat ein gottgefälliges Werk vollbracht.

MRS. FORD: Was meint Ihr? Können wir als ehrliche Frauen und mit gutem Gewissen noch weitere Rache an ihm nehmen?

MRS. PAGE: Den Geist der Lüsternheit hat ihm die Angst jetzt doch sicher ausgetrieben. Der versucht uns gewiß nicht wieder zu verführen; er weiß, das ist vergebliche Mühe; außer wenn er mit Haut und Haaren des Teufels ist, mit Leib und Seele, mit Handgeld und Reukauf.

MRS. FORD: Sollen wirs unseren Männern sagen, wie wir ihm mitgespielt haben?

MRS. PAGE: Ja, unbedingt. Schon um dem deinigen die Grillen zu kurieren. Wenn die es dann übers Herz bringen, den armen, untugendsamen dicken Ritter noch weiter ins Gebet zu nehmen, dann wollen wir zwei immer noch unser Teil dazu beitragen.

MRS. FORD: Ich steh dir dafür, die werden ihn vor aller Welt beschämen wollen; und ich glaub auch selber, der Spaß wäre nur halb, wenn es nicht dazu kommt.

MRS. PAGE: Zur Schmiede damit, damit man das Eisen zurechtschlägt, ehe es uns kalt wird! *Beide ab*

3. Szene

Zimmer im Gasthaus zum Hosenband. Wirt und Bardolph treten auf

BARDOLPH: Sir, die Deutschen wünschen drei von Euren Pferden zu haben. Der Herzog selbst kommt morgen an den Hof, und sie wollen ihm entgegenreiten.

WIRT: Was für ein Herzog soll denn das sein, der so heimlich kommt? Ich hab nichts davon gehört, daß er an den Hof kommt... Laßt mich doch selber mit den Herren reden; sie sprechen doch Englisch?

BARDOLPH: Ja, Sir; ich werde sie zu Euch herrufen.

WIRT: Meine Pferde können sie haben, aber sie sollen mir bezahlen dafür: Ich will sie zwiebeln! Mein Haus steht seit einer Woche leer für sie; alle meine anderen Gäste hab ich abgewiesen. Dafür sollen sie mir blechen. Ich will sie zwiebeln; komm! *Ab*

4. Szene

Zimmer in Fords Haus. Page, Ford, Mistreß Page, Mistreß Ford und Evans

EVANS: Tas ist eines ter tukenthaftesten Feipspilter, tie ich je kesehen hap.

PAGE: Und schickte er euch beiden diese Briefe
Zu gleicher Zeit?

MRS. PAGE: In *einer* Viertelstunde.

FORD *(kniet)*: Verzeih mir, Weib! Tu fortan, was du willst:
Die Sonne zeih ich eher nun der Kälte
Als dich des Leichtsinns! Deine Ehre hält nun
Fest wie den Glauben der hoch, der noch kürzlich
Ein Ketzer war.

PAGE: Nun, gut; schon gut. Nichts weiter!
Geht jetzt nicht so weit in der Unterwerfung
Wie vorhin im Verdacht.
Doch nun zu unserm Plan: unsere Weiber sollen
Nochmals, zur allgemeinen Unterhaltung
Den alten, fetten Tropf zu sich bestellen,
Daß wir ihn fassen und ihn strafen nach Verdienst.

FORD: Das geht am besten so, wie sie es sagten.

PAGE: Was? Ihm zu bestellen, daß sie ihn zu Mitternacht im Park treffen? Keine Spur! Der kommt nie und nimmer!

EVANS: Ihr sakt, taß er in ten Fluß geforfen forden ist und taß er als altes Feip unparmherzig turchkepläut forden ist. Ta klaub ich toch, es fird ihm so Ankst und Pange sein, taß er nicht kommen fird. Ich klaub, sein Fleisch ist pestraft und kasteit, und er fird aplassen von seinen Kelüsten und Pekierden.

PAGE: Das glaube ich auch.

MRS. FORD: *Ihr* sorgt euch, was ihr ihm tut, wenn er kommt,
Und uns laßt sorgen, ihn euch hinzubringen.

MRS. PAGE: Kennt ihr vom Jäger Horn die alte Sage?
Er war einmal im Windsorwald ein Förster.
Er soll um Mitternacht den ganzen Winter lang
Um einen Eichbaum gehn, mit großen, zackigen Hörnern,
Den Bäumen Schaden tun, das Vieh behexen,
Trächtiger Kühe Milch in Blut verwandeln
Und fürchterlich mit schweren Ketten rasseln …
Wißt ihr von diesem Geist, von dem die Alten
In Dummheit und hohlköpfigem Aberglauben
Noch immer flüstern bis zum heutigen Tag,
Daß dieser Jäger Horn tatsächlich umgeht?

PAGE: Ja, es gibt viele, die um keinen Preis
Zu Mitternacht zur Eiche Horns gehn würden.
Aber was solls?

MRS. FORD: Ah, das ist unser Plan!
Bei dieser Eiche soll uns Falstaff treffen,
Als Horn, mit großen Hörnern auf dem Kopf.

PAGE: Nun gut, nehmen wir an, er kommt auch wirklich,
Und so verkleidet. Wenn ihr ihn nun dort habt,
Was soll mit ihm geschehn? Was habt ihr vor?

MRS. PAGE: Wir haben drüber nachgedacht, und zwar:
zu Ford und Evans
Die Anne, meine Tochter; meinen William
Und drei, vier andere von ihrer Größe
Ziehn wir als Schrate an, als Gnomen, Elfen.
In grün und weiß, und mit Wachskerzenkronen
Und Klappern in der Hand. Die solln dann plötzlich,
Wenn Falstaff, sie und ich uns eben trafen,
Alle aus einer Sägegrube kommen
Mit einem wirren Lied. Bei ihrem Anblick

Entfliehn wir beide wie in größter Angst,
Doch sie umzingeln den unsauberen Ritter
Und zwicken ihn nach Elfenart und fragen,
Wie er es wagt, der Elfen heilige Kreise
Zur Stunde ihres Tanzes zu betreten
In so unheiliger Gestalt.

MRS. FORD: Und bis er
Die Wahrheit sagt, solln sie ihn zwicken und
Brennen mit Kerzen.

MRS. PAGE: Sagt er dann die Wahrheit,
Tauchen wir alle auf, entreißen ihm die Hörner
Und leuchten ihm voll Spott nach Windsor heim.

FORD: Aber die Kinder müssen das gut üben,
Sonst bringen sie es nie und nimmer fertig.

EVANS: Ich fill tie Kinder lehren, fie sie sich penehmen müssen! Und ich fill auch wie ter leiphaftige Teufel tahinter her sein, ten Ritter mit meiner Faxkerze zu prennen!

FORD: Vortrefflich! Ich geh ihnen Masken kaufen.

MRS. PAGE: Und meine Anne wird Elfenkönigin,
Fein angetan mit einem weißen Kleid.

PAGE: Ich geh die Seide kaufen. *(beiseite)* Mitten drin
Soll Meister Schwach Anne entführen und sie
In Eton heiraten. – Schickt gleich zu Falstaff!

FORD *(zu Page)*: Nein, ich geh wieder hin, als Meister Bach. Dann hör ich, was er vorhat. – Der kommt sicher!

MRS. PAGE: Nur keine Sorge… Schafft uns bloß die Masken
Und buntes Tuch für unsre Elfenschar.

EVANS: Also, ans Ferk, ans Ferk! Tas sint pewundernsfert erkötzliche unt kanz rechtschaffene Pubenstreiche! *Page, Ford, Evans ab*

MRS. PAGE: Geht, Mistreß Ford, schickt diese Schnell zum Ritter,
Damit wir hören, wie ihm jetzt zumut ist. *Mistreß Ford geht*
Ich will zum Doktor. Ihm hab ich versprochen,
Und keinem sonst, daß er mein Annchen kriegt.
Schwach ist begütert, aber ein Idiot;
Wie der nur meinem Mann am besten zusagt?!
Geld hat der Doktor auch, und einflußreiche Freunde
Bei Hof. – Nur ihn sonst keinen soll sie nehmen,
Und ob auch zwanzigtausend bessere kämen. *Ab*

5. Szene

Im Gasthaus zum Hosenband. Simpel steht da, Wirt tritt auf

WIRT: Was willst denn du, du Bauer? Sag schon, *was*, Dickhäuter? Sprich, hauche, diskutiere, kurz, schnell, los!

SIMPEL: Meiner Treu, Sir, ich komme im Auftrag von Meister Schwach; ich soll mit Sir John Falstaff sprechen.

WIRT: Dort oben ist seine Kammer, sein Haus, sein Schloß, sein Staatsbett und sein Feldbett. Rundum angemalt mit der Geschichte vom Verlorenen Sohn, funkelnagelneu. Geh, klopf nur an und geh hinein. Er wird zu dir sprechen wie ein Kannibarbale. Klopf nur an.

SIMPEL: Es ist aber eben ein altes Weib, ein dickes Weib, in seine Kammer hinaufgegangen. Ich will so frei sein, Sir, hier zu warten, bis sie wieder herunterkommt. Eigentlich soll ich nämlich mit ihr sprechen.

WIRT: Was, ein dickes Weib?! Die könnte mir den Ritter am Ende noch ausrauben; ich will ihn rufen. – He, Eisenritter, Eisenfresser! Sir John! Sprich zu mir aus voller militärischer Lunge! Sag, bist du da? Dein Wirt ists, dein Ephesier, der dich ruft.

FALSTAFF: Was gibts, mein Wirt?

WIRT: Da ist ein böhmischer Tartar hier unten, der wartet, bis deine dicke Frau herunterkommt. Schick sie herunter, Eisenfresser; schick sie herunter! Meine Kameraden sind ehrbar! Pfui, pfui, Heimlichkeiten? Pfui! *Falstaff kommt herunter*

FALSTAFF: Es war zwar, mein Wirt, eben erst ein altes dickes Weib bei mir – aber sie ist schon fort.

SIMPEL: Mit Verlaub, Sir, war das nicht die weise Frau aus Brentford?

FALSTAFF: Ja, und ob sies war, du Maulaffe! – Was willst du denn von ihr?

SIMPEL: Mein Herr und Meister, Sir, der Meister Schwach, hat mich ihr nachgeschickt, denn er hat sie durch die Straßen gehen sehen, und er will wissen, Sir, ob ein gewisser Nimm, Sir, der ihn um seine Kette geprellt hat, diese Kette hat oder nicht.

FALSTAFF: Ah, darüber hab ich mit der alten Frau gesprochen.

SIMPEL: Und was sagt sie denn, ich bitt Euch, Sir?

FALSTAFF: Also, ehrlich gesagt, sie sagt, daß haargenau derselbe Mann, der den Meister Schwach um seine Kette geprellt hat, sie ihm auch abgegaunert hat.

SIMPEL: Ich wollt, ich hätte mit der Frau selber reden können! Ich hätte auch noch anderes mit ihr zu besprechen gehabt; *auch* in seinem Auftrag.

FALSTAFF: Was denn? Laß uns mal hören.

WIRT: Ja; los, los, rasch!

SIMPEL: Ich darf es nicht verheimlichen, Sir.

WIRT *(drohend)*: Verheimlich es, oder du bist des Todes.

SIMPEL: Aber, Sir, es war weiter nichts als nur wegen der Jungfer Anne Page. Ich hätte fragen sollen, ob es meinem Herren glücken wird, sie zu kriegen oder nicht.

FALSTAFF: Doch, doch, das wird ihm glücken.

SIMPEL: Ja, Sir?

FALSTAFF: Ja, sie zu kriegen oder nicht!... Geh; sag ihm, die Frau selber hat mir das gesagt.

SIMPEL: Darf ich so dreist sein, das zu sagen, Sir?

FALSTAFF: Ja, ja, Sir Köter, wer kann dreister sein?

SIMPEL: Ich danke Euer Gnaden. Diese Botschaft wird meinen Herrn sehr froh machen. *Er geht*

WIRT: Du bist klug wie ein Pfaffe, Sir John; klug wie ein Pfaffe! War wirklich eine weise Frau bei dir?

FALSTAFF: Ja, ja, mein Wirt, - eine, die mich mehr Witz gelehrt hat als ich je im Leben gelernt hatte. Noch dazu hatte ich nichts dafür zu bezahlen, im Gegenteil, meine Lektion wurde mir bezahlt.

Bardolph kommt, atemlos und mit Schlamm bedeckt

BARDOLPH: O weh, Sir! Gaunerei... die reinste Gaunerei!

WIRT: Wo sind meine Pferde? Und keine Hiobspost von dir, Kerletto!

BARDOLPH: Auf und davon mit den Gaunern!... Ja. Kaum war ich aus Eton hinaus, so warfen sie mich vom Pferd; einer von ihnen, von hinten! In einen kotigen Morast! Und dann haben sie ihnen die Sporen gegeben, und auf und davon, wie drei deutsche Teufel, drei Doktor Faustusse.

WIRT: Ach, sie sind nur ihrem Herzog entgegengeritten, Schurke. Sag nicht, daß sie auf und davon sind! Deutsche sind ehrliche Leute.

Evans öffnet die Tür und sieht herein

EVANS: Fo ist ter Wirt?

WIRT: Was gibt es, Sir?

EVANS: Hapt kut Opacht, fer bei Euch einkehrt und auskehrt! Es ist ein Freund von mir in tie Stadt kekommen, ter sagt mir, es treiben sich trei teutsche Kauner herum, tie alle Wirte zu Reading, Maidenhead, Colebrook, um Pferte und Kelt petrogen haben … Fohlkemerkt, ich sag Euch tas aus Fohlfollen! Ihr seit so klug und voll von Spaß und Scherz mit antere Leute. Ta ist nicht kut, fenn Ihr selber pekaunert werdet! Pehüt Euch Kott!

Er schlägt die Tür zu. Caius öffnet die Tür und blickt herein

Caius: Wo ist mon hôte de la jarretière?

Wirt: Hier, Meister Doktor, in einem Zustand der Perplexität und des zweifelhaften Dilemmas.

Caius: Ik nik kann sag, was is das, aber ik 'aben gehört sagen, das Ihr mak grande preparation für ein Duc d'Allemagne: Auf meine Hehre, es ist kein Duc, was soll komm, soweit die 'ofstaat von Windsor weiß. Ich Euch das sag aus guten 'erzen! Adieu.

Er schlägt die Türe zu

Wirt: Zeterdiebio! Schlag Alarm, Schurke! Geh! Hilf mir, Ritter! Ich bin ruiniert! Flieg, lauf, schlag Alarm, Schurke! Ich bin ruiniert!

Er läuft davon, Bardolph ihm nach

Falstaff: Ich wünschte, die ganze Welt sollte betrogen werden, denn ich bin auch betrogen worden, und dazu auch noch verprügelt. Wenn das dem Hof zu Ohren käme, welche Verwandlungen ich durchgemacht habe und wie meine Verwandlungen gewaschen und gewalkt worden sind, die würden mich aus meinem ganzen Fett herausschmelzen, Tropfen um Tropfen, und Stiefel von Fischern mit mir schmieren! Ich wette, die würden mich mit ihren feinen Stichelreden geißeln, bis ich ganz zusammengefallen wäre wie eine gedörrte Erbsenschote … Ich hab kein Glück mehr gehabt, seit ich beim Primerokartenspiel einen Meineid geschworen habe. Ungelogen, wenn ich nur noch Atem genug im Leib hätte, um meine Gebete zu sagen, ich wollte bereuen … *(Mistreß Schnell tritt auf)* Ihr? Wo kommt denn Ihr her?

Schnell: Von den beiden Parteien, natürlich.

Falstaff: Der Teufel hole die eine Partei, und seine Urgroßmutter die andere! Dann sind beide nach Gebühr versorgt! … Um ihretwillen hab ich mehr erlitten … mehr als die nichtswürdige Unbeständigkeit der menschlichen Natur zu ertragen vermag!

Schnell: Und haben denn *sie* nichts erlitten? Ja, dafür steh ich Euch! Nachthemtlich die eine von den beiden, die Mistreß Ford! Das arme Herz, ist schwarz und blau geschlagen, daß Ihr keinen weißen Fleck mehr auf ihr finden könnt.

Falstaff: Was? *Mir* erzählst du was von schwarz und blau? Ich selber bin alle Regenbogenfarben geschlagen worden, und fast wäre ich auch noch als die Hexe von Brentford festgenommen worden. Wenn ich nicht so einen bewundernswert raschen Witz hätte, alle Bewegungen eines alten Weibes nachzumachen, so hätte mich dieser Lump von einem Konstabler an den Pranger gebunden. Mich an den Pranger! Als Hexe!

Schnell: Sir, laßt mich Euch in Eurer Kammer sprechen. Ihr sollt hören, wie die Dinge stehen, und ich bürg Euch dafür, Ihr werdet zufrieden sein: Da ist ein Brief, der wird Euch auch etwas sagen ... Ach, ihr lieben Herzchen, was hat man doch für eine liebe Not damit, euch zusammenzubringen! Sicherlich dient eines von euch dem Himmel *nicht* so schön, wie es sollte. Sonst könnt' es euch doch nicht immer so schiefgehn!

Falstaff: Kommt hinauf in meine Kammer. *Sie gehen hinauf*

6. Szene

Wirt kommt mit Fenton zurück

Wirt: Sprecht nicht zu mir, Meister Fenton; mir ist schwer ums Herz. Ich lasse alles gehen, wies geht.

Fenton: Hör dennoch zu: Hilf mir bei meinem Plan,
So geb ich dir, auf Ehrenwort, in Gold
Hundert Pfund mehr, als je dein Schaden war.

Wirt: Ich will Euch anhören, Meister Fenton; und zumindest will ich Euren Plan für mich behalten.

Fenton: Ich habe öfters dir gestanden, wie ich
Schön' Anne Page mehr und mehr liebgewann,
Und sie erwidert nun auch meine Neigung,
Soweit sie selber wählen darf, so sehr,
Wie ichs nur wünschen kann. Sie schrieb den Brief hier;
Du wirst gleich staunen über seinen Inhalt.
Der Spaß ist so verknüpft mit meiner Sache,
Daß mans gesondert nicht erklären kann.
Drum hör dir beides an: der dicke Falstaff
Spielt eine große Rolle drin. Der Brief hier
Zeigt dir den ganzen Plan. Hör, lieber Wirt...

Er zeigt ihm den Brief

Heut nacht, zur Geisterstunde bei Horns Eiche
Spielt meine süße Ann' die Elfenkönigin.
Weshalb, das siehst du hier. Nun hieß ihr Vater sie
In dieser Maske, wenn die andern scherzen,
Mit Schwach davongehn, um ihn dann in Eton
Sogleich zum Mann zu nehmen. Sie hat zugesagt…
Nun aber, Freund,
Hat ihre Mutter, die den Schwach nicht mag
Und sehr für Doktor Caius ist, bestimmt,
Daß der sie *auch* entführen soll, solange
Die andern nur an andre Späße denken,
Daß sie ihm in der Dechanei getraut wird,
Wo schon ein Priester wartet. Auch der Mutter
Versprach sie, scheinbar ganz gehorsam, mit
Dem Doktor fortzugehn… Nun steht es so:
Ihr Vater will, sie soll ganz weißgekleidet gehn,
Und Schwach soll sie, sobald die Zeit ihm recht scheint,
Nur bei der Hand nehmen, und sie soll mitgehn.
Die Mutter aber hat schon ausgemacht,
Sie soll, damit der Doktor sie erkennt,
(Denn alles ist verkleidet und trägt Masken)
Ein weites grünes Kleid tragen, geschmückt
Mit Bändern, die ihr um den Kopf wehn; und wenn
Der Augenblick dem Doktor günstig scheint,
Drückt er ihr fest die Hand. Auf dieses Zeichen
Versprach das Mädchen, mit ihm fortzugehn.
WIRT: Wen will sie täuschen? Vater oder Mutter?
FENTON: Beide, mein lieber Wirt: Sie will mit mir gehn.
An dir liegts nun, den Pfarrer zu bewegen,
Uns in der Kirche zwischen zwölf und eins
Den Bund unserer Herzen zu besiegeln
Nach Recht und Brauch, durchs Sakrament der Ehe.
WIRT: Gut, führt es nur fein aus! Ich geh zum Pfarrer.
Bringt Ihr die Braut, am Priester solls nicht fehlen.
FENTON: Ich werde dir auf ewig dankbar sein
Und dich auch auf der Stelle reich belohnen.

Sie gehen

Fünfter Akt

1. Szene

Im Gasthaus zum Hosenband. Falstaff und Mistreß Schnell treten auf

FALSTAFF: Ich bitt Euch, kein langes Geschwätz mehr: geht. Ich halte Wort. Das ist das dritte Mal. Ich hoffe, aller guten Dinge sind drei... Also rasch, geht! Man sagt, die Drei ist eine heilige Zahl, sowohl was die Geburt betrifft, als die Wechselfälle des Lebens oder den Tod... Geht nur!

SCHNELL: Ich besorg Euch eine Kette, und ich tu, was ich kann, um Euch auch zu einem Paar Hörner zu verhelfen.

FALSTAFF: Geht, sag ich. – Die Zeit verrinnt – haltet den Kopf hoch und macht artige Schritte. *Schnell ab – Ford tritt ein*
Ah, Meister Bach! Meister Bach, die Sache kommt heut nacht ins reine, oder niemals!... Seid nur im Park, um Mitternacht, bei Horns Eiche, und Ihr sollt Eure Wunder erleben.

FORD: Seid Ihr nicht gestern zu ihr gegangen, Sir? Denn Ihr sagtet mir doch, Ihr wart verabredet?

FALSTAFF: Ich bin zu ihr hingegangen, Meister Bach, wie Ihr mich hier seht, als ein armer alter Mann, aber ich bin von ihr weggegangen, Meister Bach, als ein armes altes Weib ... Nämlich dieser Lump Ford, ihr Mann, der hat Euch den auserlesensten tollwütigsten Eifersuchtsteufel im Leibe, Meister Bach, der jemals in einen Besessenen gefahren ist... Ich wills Euch sagen, er hat mich erbärmlich verprügelt, nota bene, als ich in Weibsgestalt war. In Mannsgestalt nämlich, Meister Bach, fürchte ich keinen Goliath mit seinem Weberbaum, denn ich weiß wohl, daß unser ganzes Leben nur ein Weberschiffchen ist... Ich bin in Eile – kommt mit mir mit – ich will Euch alles erzählen, Meister Bach ... *(fährt in seinen Mantel)* Seit ich Gänse rupfte, die Schule schwänzte und den Kreisel peitschte, wußte ich nicht mehr, wie das ist, geprügelt zu werden – bis gestern ... *(in der Tür)* Mir nach! Kommt, ich will Euch unerhörte Geschichten von diesem Lumpen von einem Ford erzählen, an dem ich mich heute nacht rächen und dessen Weib ich in Eure Hände liefern werde ... *(geht hinaus)* Mir nach! Seltsame Geschichten am Werk, Meister Bach! Mir nach!

Ford geht ihm lächelnd nach

2. Szene

Park in Windsor. Nacht. Page, Seicht und Schwach kommen

PAGE: Kommt, kommt! Wir verstecken uns im Schloßgraben, bis wir das Licht unserer Elfen sehen... Schwach, mein Sohn, vergeßt nicht meine Tochter!

SCHWACH: Nein, meiner Treu ... ich hab mit ihr gesprochen, und wir haben ein Kennwort, damit wir einander erkennen... Ich geh zu der hin, die in Weiß ist, und rufe »Schweig« – sie ruft »Still«, und daran erkennen wir einander.

SEICHT: Auch gut. Aber wozu braucht Ihr Euer »Schweig« und ihr »Still«? Am weißen Kleid werdet Ihr sie deutlich genug erkennen... Es hat zehn Uhr geschlagen.

PAGE: Die Nacht ist dunkel. Lichter und Geister werden einer solchen Nacht gut zu Gesicht stehen... Der Himmel sei unserem Spaß gewogen! Keinem fällt böses ein als dem Teufel allein, und den werden wir an seinen Hörnern erkennen. Gehen wir, kommt mit.

Sie gehen tiefer in den Park

3. Szene

Mistreß Page, Mistreß Ford und Doktor Caius kommen

MRS. PAGE: Meister Doktor, meine Tochter geht in Grün. Wenn Ihr seht, es ist der rechte Augenblick, so nehmt sie an der Hand, und fort mit ihr in die Dechanei. Macht nur schnell. Geht jetzt voraus in den Park. Wir zwei müssen zusammen gehen.

CAIUS: Ik weiß was ik 'abe su tun, Adieu! *Er geht voraus*

MRS. PAGE: Alles Gute, Sir!... Mein Mann wird sich weniger über den Streich freuen, der dem Falstaff gespielt wird, als wütend sein, daß der Doktor meine Tochter heiratet. Aber das macht nichts. Besser ein Zank als eine Menge Herzeleid.

MRS. FORD: Wo ist jetzt Anne mit ihrer Elfenschar und dem walisischen Waldteufel?

MRS. PAGE: Sie lauern alle in einer Grube dicht bei Horns Eiche, mit Blendlaternen. Aber sobald Falstaff uns trifft, lassen sie sie alle auf einmal durch die Nacht leuchten.

MRS. FORD: Das *muß* ihn erschrecken.

MRS. PAGE: Auch wenns ihn nicht erschreckt, so wird er doch geneckt;
Und wenn es ihn erschreckt, wird er erst geneckt.

MRS. FORD: Wir begehen da aber wirklich Verrat an ihm.

MRS. PAGE: An solchen Lüstlingen und Wüstlingen Verrat
Ist kein Verrat, nur eine gute Tat.

MRS. FORD: Die Stunde rückt heran... Zur Eiche, zur Eiche!

Sie gehen tiefer in den Park

4. Szene

Im Park.
Evans, Elfen und Feen treten auf

EVANS: Ta kommt nur prav ketrippelt, ihr Elfen! Kommt und tenkt an eure Rollen! Frisch trauf und tran, ich pitt euch. Kommt mit in tie Krube. Und fenn ich tas Stichwort kebe, so tut, fas ich euch kesagt hab... kommt, kommt, trippe-trappe!

Sie gehen tiefer in den Park

5. Szene

Unter einer Eiche im Park.
Falstaff als Jäger Horn, mit Kette und Hirschgeweih

FALSTAFF: Die Glocke von Windsor hat zwölf geschlagen: der Augenblick rückt heran. Nun, heißblütige Götter, steht mir bei! Denke dran, Jupiter, du warst ein Stier für deine Europa – Liebe hat dir Hörner aufgesetzt... O du Macht der Liebe, die in mancher Hinsicht ein Tier zum Menschen macht, und in mancher den Menschen zu einem Tier!... Du, Jupiter, warst auch ein Schwan, aus Liebe zur Leda... O allmächtige Liebe, wie ähnlich wurde da der Gott doch einer Gans! Die erste Sünde begangen als Federvieh, als Schwan – schwant dir nicht, Zeus, wie auch der Schwan zum Schwein wurde? Wenn Göttern der Rücken heiß wird, was sollen dann die armen Menschen tun? Ich für meinen Teil bin hier ein Windsorhirsch, und ich glaube, der feisteste Hirsch im ganzen Wald... Bescher mir eine kühle Brunstzeit, Zeus, wer kann mir sonst verübeln, wenn ich meinen Talg verpisse?... Wer kommt da? Meine Hirschkuh?

Mistreß Ford und Mistreß Page kommen

MRS. FORD: Sir John? Bist du da, mein Hirsch; mein Hirschbock, du?

FALSTAFF: Meine Hindin! Meine Ricke mit der schwarzen Blume! Nun mag meinetwegen der Himmel Kartoffeln regnen, mag er donnern zur Melodie der Jungfer mit den grünen Ärmeln, mag es Zuckerküßchen hageln und Muskatkuchen schneien; mag sich ein Sturm von Stimulanzen erheben; hier will ich eintreten und Aufnahme finden! *Er umarmt sie*

MRS. FORD: Mistreß Page ist auch mitgekommen, Herzliebster!

FALSTAFF: So teilt mich auf, wie Wilderer einen Hirsch! Für jede eine Keule; meine heißen Lenden will ich für mich behalten, meine kalten Schultern sind für den Revierförster, und meine Hörner vermache ich euren Gatten! Bin ich nicht ein Waidmann, he? Spreche ich nicht wie Horn, der Jäger? – Ja, diesmal ist Cupido ein braves Kindlein, er leistet doppelten Schadenersatz!... So wahr ich ein ehrlicher Waldgeist bin, willkommen! *Hörnerklang*

MRS. PAGE: Ach Gott, was ist das für ein Lärm?

MRS. FORD: Himmel, vergib uns unsre Sünden!

FALSTAFF: Was kann das sein?

MRS. FORD, MRS. PAGE: Fort, fort! *Sie laufen fort*

FALSTAFF: Ich glaube, der Teufel will nicht, daß ich verdammt werde, damit ihm nicht das Öl in meinem Leib die ganze Hölle in Brand steckt! Sonst käme er mir nicht so in die Quere!

Lichtschein; die Elfen kommen, unter ihnen Evans und Anne Page, einige mit Kerzenkronen

ELFENKÖNIGIN *(Anne Page)*:

Elfen, ihr schwarzen, grünen, weißen, grauen,
Ihr Mondscheintänzer und ihr Schattenfrauen,
Unselige Erben vorbestimmter Bürde,
Tut eure Pflicht nun, je nach Rang und Würde! –
Du, Herold Puck, du ruf nun dein »Hört, hört!«

PUCK: Hört, Elfen! Luftiges Pack!... Jetzt nicht gestört!
Heimchen! Du fährst in Windsors Essen ein,
Glimmt wo noch Glut, ist wo der Herd nicht rein,
Dort zwick die Magd wie Heidelbeeren blau!
Denn Schlamperei haßt unsre schöne Frau.

FALSTAFF: Elfen!
Spräch ich sie an, so wärs um mich geschehn!
Nein, ich verkriech mich: kein Mensch darf sie sehn!
Ich mach die Augen zu, ich bleibe hier nicht stehn.

Er legt sich mit dem Gesicht ins Moos

SATYR *(Evans)*: Tautröpfchen? Geh! Und findst du eine Magd,
Die abends dreimal ihr Gebet gesagt,
Heb die Organe ihrer Phantasie! –
Tief wie ein sorglos Kindlein schlafe sie,
Doch der, die sündig einschlief ohne Reu,
Zwack Arm und Bein, vorn, hinten, ohne Scheu!

ELFENKÖNIGIN: Elfen, von hinnen!
Durchsucht mir Windsorschloß außen und innen,
Streut Glück in jedes heilige Zimmer, Feen,
Daß alle bis zum jüngsten Tage stehn,
In gutem Zustand, wie sichs ziemt; geehrt:
Das Schloß des Herrn, der Herr des Schlosses wert…
Die Ordensstühle putzt mit Balsamsaft,
Feit sie mit jeder edlen Blume Kraft,
Daß euer Segen jeder Helmzier quillt
Und jedem neuen Sitz und Wappenrock und Schild!
Sorgt, Wiesenelfen, daß ihr nachts nun singt,
Im Tanzreihn, der wies Ordensband sich schlingt.
Wo ihr den Ring schließt, soll in frischerem Grün
Als rings im Feld ein jeder Halm erblühn,
Und *Honi soit qui mal y pense* schreibt auf
Auf grünen Grund in Blumen rot, weiß, blau,
Gleich wie Saphire, Perlen, Stickerein,
Die ihre Zier dem knienden Ritter leihn.
Mit Blumen schreiben sich die Elfen ein…
Bald müßt ihr fort, doch bis es ein Uhr schlägt,
Sollt ihr den Rundtanz, den ihr immer pflegt,
Um Horns, des Jägers, Eiche nicht vergessen.

SATYR: Bitt euch, reicht euch die Händ'! Tanzt angemessen!

Die Elfen schließen einen Kreis

Zwanzig Glühwürm solln uns Laternen sein
Und führen um den Baum hier unsern Reihn…
Doch halt! – Ich rieche einen Menschenmann!

FALSTAFF: Der Himmel beschütze mich vor diesem walisischen Elf!
Der verwandelt mich noch in einen Waliser-Käse!

PUCK: Dich hat man übersehn, du Wurm, von Anfang an!

ELFENKÖNIGIN: Die Feuerprobe seiner Fingerspitze!

Wer keusch ist, fühlt nicht dieser Flamme Hitze,
Jedoch wenn er zurückfährt und fühlt Schmerzen,
So zeugt sein Fleisch von einem sündigen Herzen.

PUCK: Bringt Feuer! Kommt!

SATYR *(der seine Kerze an das Hirschgeweih hält)*:
Kommt: wird dies Holz das Feuer fangen?

Die Elfen halten ihre Kerzen an Falstaffs Finger; er fährt zurück

FALSTAFF: Oh! Oh!

ELFENKÖNIGIN: Verderbt, verderbt! Voll sündigem Verlangen!
Umringt ihn, Elfen, spottet ihn im Takt,
Und wie ihr singt und tanzt, so zwickt und zwackt!

DIE ELFEN: Pfui der sündigen Phantasei!
Pfui der geilen Buhlerei!
Geilheit ist ein Feur im Blut,
Erst gelegt von sündigem Mut,
Dann entfacht im Herz zur Glut:
Brennender Gedanken Wut!
Zwickt ihn, Elfen, nach der Reih,
Zwackt ihn für die Schurkerei!
Zwackt und brennt, er soll sich drehn,
Bis Kerzen, Stern und Mond vergehn!

Sie kneifen Falstaff. Doktor Caius kommt und führt eine grüngekleidete Elfe fort, Schwach kommt und führt eine weißgekleidete Elfe fort. Fenton kommt und führt Anne Page fort. Dann Jagdgeschrei; alle Elfen laufen fort. Falstaff steht auf, nimmt den Hirschkopf mit dem Geweih ab und will davonlaufen, aber Page, Ford, Mistreß Page und Mistreß Ford treten ihm entgegen

PAGE: Flieht nicht! Nun, glaub ich, hat man Euch gesehn!

Falstaff versucht sich wieder unter dem Hirschkopf zu verbergen

Ist nur noch Horn, der Jäger, Euer Trost?

MRS. PAGE: Ich bitt Euch, kommt; treibt diesen Spaß nicht weiter!

Falstaff wirft den Hirschkopf weg

Sir John, wie stehts mit den Weibern von Windsor?

Zeigt auf die Hörner

Mann, schau doch! Passen diese hübschen Zinken
Nicht besser in den Wald als in die Stadt?

FORD: Nun, Sir, wer ist jetzt der hörnertragende Hahnrei? – »Meister

Bach, Falstaff ist ein Lump, ein hörnertragender Lump« – da habt Ihr seine Hörner, Meister Bach!... Und Meister Bach, von dem, was dem Ford gehört, hat Falstaff weiter nichts genossen als seinen Waschkorb, seinen Knüppel und zwanzig Pfund von seinem Geld... und die müssen an Meister Bach zurückgezahlt werden... Falstaffs Pferde sind dafür in Beschlag genommen, Meister Bach!

MRS. FORD: Sir John, wir haben kein Glück gehabt. Aus uns zweien ist nie *eins* geworden... Zu meinem Herrchen will ich Euch nun nie wieder machen, aber ich will Euch immer als meinen Hirschen ansehen.

FALSTAFF: Es beginnt mir klar zu werden, daß man einen Esel aus mir gemacht hat.

FORD: Ja, und auch einen Ochsen. Für beides sind die Beweise zur Hand.

FALSTAFF: Und das sind gar keine Elfen! Drei- oder viermal kam mir der Gedanke, daß es gar keine Elfen seien – aber mein schlechtes Gewissen und die überwältigende Überraschung ließen mich allem gesunden Verstand zum Trotz dieses gröbliche Possenspiel für bare Münze nehmen... Da sieht man, wie selbst die Klugheit zum Fastnachtsnarren werden kann, wenn sie auf unrechten Wegen wandelt.

EVANS *(kommt zurück, ohne seine Satyrmaske)*: Sir John Falstaff, seit Kott kehorsam und lasset ap von Euren Kelüsten, tann werden keine Elfen Euch zwacken!

FORD: Gut gesagt, Elf Hugh!

EVANS: Und Ihr laßt ab von Euren Eifersuchtskrillen, tas pitt ich Euch!

FORD: Ich will meiner Frau nie mehr wieder mißtrauen, bis zu dem Tag, an dem du imstande bist, ihr in fehlerloser Aussprache den Hof zu machen.

FALSTAFF: Hab ich denn mein Gehirn in die Sonne gelegt und es gedörrt, daß es ihm an Substanz fehlte, so eine plumpe List zu durchschauen? Und reitet mich nun ein walisischer Ziegenbock? Muß ich eine walisische Zottelkappe tragen? Höchste Zeit, daß ich an einem Stück geröstetem Waliser-Käse ersticke!

EVANS: Euer Pauch ist kanz und kar Putter! Chäse is nicht kut mit Putter zu mischen.

FALSTAFF: »Chäse und Putter!« Muß ich das erleben, mich von einem verspotten zu lassen, der meine Muttersprache zu Käsebrocken zerkrümelt? Das ist der Ruin aller Wollust und Nachtschwärmerei im ganzen Königreich!

MRS. PAGE: Ach, Sir John! Glaubt Ihr denn, sogar wenn wir alle Tugend gewaltsam aus unseren Herzen gerissen und uns ohne Skrupel der Hölle ergeben hätten, daß selbst der Teufel Euch je reizvoll für uns hätte machen können?

FORD: Ja! So eine fette Schweinswurst? So einen Wollsack?

MRS. PAGE: So einen aufgedunsenen Kerl!

PAGE: Alt, kalt, welk, und unleidlich bis in die Eingeweide!

FORD: Und mit einem bösen Maul wie Satan!

PAGE: Und so arm wie Hiob!

FORD: Und so böse wie Hiobs Weib!

EVANS: Unt erkeben ter Unkeuschheit unt ten Kasthäusern, unt tem Cherry unt tem Wein unt tem Met unt tem Saufen unt tem Fluchen unt tem Augenmachen, unt tem Zinken unt tem Zanken!

FALSTAFF: Nun schön, ich bin der Text zu Eurer Predigt. Ihr habt die Oberhand, ich unterliege. Nicht einmal diesem Waliser Flanell da kann ich antworten. Die Unbildung in Person hängt als Lot an der Richtschnur über mir. – Macht mit mir, was ihr wollt.

FORD: Ja, ja, Sir, wir bringen Euch nach Windsor, zu einem gewissen Meister Bach, den Ihr um Geld geprellt habt, denn Ihr hättet für ihn den Kuppler spielen sollen! Was Ihr auch sonst ausgestanden habt; ich glaube, *dieses* Geld zurückzuzahlen wird Euch am bittersten ankommen!

PAGE: Nimms nicht zu schwer, Ritter! Sei guten Mutes! Heut nacht gibts bei mir im Haus eine dicke Biersuppe. Die sollst auch du trinken und dabei meine Frau auslachen, die jetzt dich auslacht... Sag ihr nur, Meister Schwach hat ihre Tochter geheiratet.

MRS. PAGE: Wer ein Doktor ist, bezweifelt dies! ... *(beiseite)* Wenn Anne Page meine Tochter ist, so ist sie jetzt schon Doktor Caius' Frau. *Schwach ruft aus dem Wald*

SCHWACH: He? Ha? He! Vater Page!

PAGE: Was gibts, Sohn? Sohn, was gibts? Ist alles fix und fertig?

SCHWACH *(kommt heran)*: Fix und fertig! Die vornehmsten Leute in ganz Gloucestershire sollens erfahren. Ja, sonst wollt' ich mich hängen lassen!

PAGE: Was denn, Sohn?

SCHWACH: Ich bin hinunter nach Eton, um Mistreß Anne Page zu heiraten; und was ist sie da? – Ein großer Lümmel von einem Jungen! … Wenns nicht in der Kirche gewesen wäre, ich hätte ihn verprügelt, oder vielleicht hätt er mich verprügelt. Ich will an allen Gliedern gelähmt sein, wenn ich nicht geglaubt habe, es ist Anne Page – und statt dessen ist es ein Junge von der Post!

PAGE: So wahr ich lebe, dann habt Ihr Euch vergriffen.

SCHWACH: Was braucht Ihr mir das noch zu sagen? Das will ich meinen, wenn ich einen Jungen für ein Mädchen genommen habe!… Und wenn ich ihm auch angetraut worden wäre, so hätte ich doch nichts von ihm gehabt, trotz seinem ganzen Weiberputz.

PAGE: Aber das ist doch Eure eigene Dummheit! Hab ich Euch denn nicht gesagt, wie Ihr meine Tochter erkennen sollt? An ihren Kleidern!

SCHWACH: Ich bin zu der im weißen Kleid hingegangen und hab »Schweig« gerufen. Und da hat sie »Still« gerufen, wie Anne und ich es ausgemacht hatten. Und trotzdem wars nicht Anne, sondern nur ein Junge von der Post!

MRS. PAGE: Lieber George, sei nicht bös, ich wußte von deinem Plan … Da zog ich meiner Tochter ein grünes Kleid an, und, um dir die Wahrheit zu sagen, sie ist mit dem Doktor in der Dechanei; jetzt sind sie schon getraut. *Caius ruft zornig*

CAIUS: Wo is Madame Page? *(kommt heran)* Pardieu, ik sein betruk, ik sein betruk, ik 'ab geheirat un garçon! Ein Junge, un paysan, pardieu, ein Bub! Es is nik Anne Page! Pardieu, ik sein betruk!

MRS. PAGE: Was? Ihr habt doch die im grünen Kleid genommen?

CAIUS: Ja, pardieu, und is ein Bub! – Oui! Pardieu, ik bring in Aufruhr ganz Windsor! *Er droht mit der Faust und geht*

FORD: Das ist doch sonderbar – wer hat die rechte Anne?

PAGE: Mir schwant etwas. – Ja,… da kommt Meister Fenton.

Fenton und Anne Page kommen Arm in Arm

Nun, Meister Fenton!?

ANNE *(kniet)*: Verzeiht mir, liebster Vater! Liebste Mutter!

PAGE: Jungfer?! Was gingst du nicht mit Meister Schwach?

MRS. PAGE: Warum gingst du nicht mit dem Doktor, Mädchen?

FENTON: Ihr macht ihr bang!… Hört nun die ganze Wahrheit:
Ihr hättet sie aufs schimpflichste vermählt,
Wo Liebe keine Gegenliebe fand.
In Wahrheit waren sie und ich längst einig.

Nun sind wir sicher, nichts mehr kann uns scheiden.
Die Sünde ist heilig, die sie da beging,
Und diese List ist nicht Betrug zu nennen,
Noch Ungehorsam oder Pflichtverletzung,
Weil sie dadurch viel tausend freventliche
Verfluchte Stunden, die erzwungne Ehe
Ihr aufgebürdet hätt', verhütet, meidet.

FORD: Steht nicht so ratlos da, ihr könnt nichts tun.
In Liebesdingen heißts dem Himmel trauen:
Geld kauft zwar Land, jedoch nur Glück kauft Frauen.

FALSTAFF: Mich freut, daß auch euch ein Pfeil danebengegangen ist, während Ihr es auf mich angelegt hattet, *mich* zu treffen.

PAGE: Was kann man tun? Fenton, Gott segne dich!
Was man nicht ändern kann, das will umarmt sein.

FALSTAFF: Wenn man des Nachts jagt, schießt man manchen Bock.

MRS. PAGE: Nun gut, ich groll nicht weiter... Meister Fenton,
Der Himmel schenk Euch viel, viel frohe Tage!
Komm, lieber Mann, wir wollen alle heimgehn
Und am Kamin noch herzlich drüber lachen, –
Sir John und alle!

FORD: Also gut. – Sir John,
Dem Meister Bach haltet Ihr doch noch Wort,
Denn der schläft heute nacht mit Mistreß Ford. *Alle ab*